# 握住當下的幸福

now or never

原書名：專注：一生只做一件事

夏欣◎著

# 【序 言】

一年一度的「釣王杯大賽」又開始了，來自全國的釣魚高手群聚在比賽現場。與以往不同，賽委會把賽場從風光旖旎的南方城市移到了北國的一個邊陲小鎮。

釣手們紛紛猜測，這是因為近年來釣手的水準不斷提高，考慮到南北地域天氣的差異，賽委會為了提高比賽的難度，給選手們設置更大的障礙，從而賽出真正的「釣王」。

比賽的天氣也正如釣手們所料，一開始便下起了淅淅瀝瀝的小雨，水溫一度下降，釣手們不得不撐開陽傘或是披上雨衣比賽。糟糕的是，體重較沈的鯉魚大都潛在深水區不願覓食，這給眾多釣手出了道大難題。因為冠軍的產生將視釣手所釣魚兒的總重而定。

很快，兩小時過去了，釣手們的表現分為兩種。一種人希望天氣好轉、豔陽高照，能釣到大鯉魚，並把釣餌換上鯉魚最愛吃的餌，他們在比賽過程中抱怨著天公不作美，收穫寥寥；另一種則安於當下的天氣，以小鯽魚作為主目標，欣喜地不斷看著魚兒上鉤。

比賽結束，釣王以極大的比分優勢產生於後者。

賽後，有記者提問：「同樣的起跑線，實力相差並不懸殊，為什麼結果竟如此不同？」新任釣王這樣回答：「可能很多人都在等待天氣好轉，但比賽是有時間限制的，只有把手頭的事安排好，才能一步步取得好成績。這種天氣條件下，手頭要做的就是不斷往自己的水桶裡增加『籌碼』！」

人生正如同是一場漫長的競賽，結果取決於人們對人生的把握程度。從某種意義上說，時間可分為過去、現在和將來。在紛繁複雜的世界裡，人們往往會沈湎於過去，或者過多地暢想未來。然而，又有誰對現在給予關注？

誰也不知道明天會發生什麼。如果我們能預知，那世界會變得多麼灰暗——我們將失去所有的激情，生活變得像一部看過了的老電影，不再給我們帶來驚喜，也難以使我們感動。

我們需要做的就是接受生活的本來面貌——一場大冒險。誰累積了更多的財富，或是誰能走得更遠，這些都不重要，惟一重要的是誰真正學會了珍惜現在。

人生畢竟有限，那麼，怎樣利用有限的時間去做更多的事？假如給你設定一個足夠長的生命，假如你能夠長生不老，你是否會認為最想做的事應該被無限延期？

你肯定會這樣回答：「不！傻瓜才會這樣認為。」

然而事實上，我們卻常說：「等我老了，要去環遊世界；等我退休，就要去做想做的事情；等孩子長大了，我就可以……」

我們都以為自己有無限的時間與精力，其實我們完全可以一步一步實現理想，不必在下意識的等待中浪費生命。如果現在就開始做好手頭的事，我們就不會活了半生，卻看到自己不願看到的結局。

美國金牌推銷員湯姆斯·卡萊里的成功秘訣就是：不要去看渺茫的遠處，而要做手頭清楚的事。

實踐證明，「關注當下」正是個人成功與否的最好寫照。在現今這個競爭日益激烈的環境下，這更是一門人人必修的課程。

對比之下，你有沒有達到自己心目中的理想高度？如果答案是否定的，那你就應該捫心自問：這門課，你是否修好了？

那麼，什麼才是真正的「一生只做一件事」？這句話又有著什麼樣的內涵？有無一條通往成功的捷徑，乃至實戰策略？這正是本書要為你揭開的謎題。

在本書，筆者將結合大量故事，詳細介紹什麼叫「一生只做一件事」。這一概念如何影響到個人的一生。你將找到真實的自己所欠缺的一面。本書也將與你一起分析一生不只做一件事的諸多弊病。要想處理好當下的事業和生活，你應該認真考慮是否做好了手頭的事情。接下去的幾章裡，筆者將結合具體事例，與你一起探討為什麼要「一生只做一件事」，以及怎麼樣做到，從而在你的內心深處、日常生活、工作情感等方面，以「把握現在」的方式和心態取得最大成就。

在本書，你將透過實際練習，依照具體操作步驟，真正改變自己「精神不集中」、「不夠專注」等不利於自身前程的各方因素；做一個「快樂活在當下」的成功者。

目錄

## ◆第六章 一件事打開前程

# 第一章

## 一生只做一件事

對於人生，每個人都有自己不同的目標，可是你想過沒有，你的答案是否正確，你的目標如何實現？因為，尋求快樂的人或許正鬱鬱寡歡，為目前的處境一籌莫展；追求財富的人或許正一貧如洗，為不能達到的收入標準耿耿於懷……

如果讓我來回答，我會說，一生要做的一件事不是追求幸福，也不是追求財富，而是做好手頭的事。其實，這是心理學上一條最基本的定理：不論一個人多聰明，都不可能在同一時間內想一件以上的事情。只有將手頭的事做好了，才能獲得快樂、幸福、財富、地位，還有其他你所設定的目標。

## 第一節 做好手頭的事

### 一、什麼是手頭的事

從不同的角度來解釋「手頭的事」，我們就會得到不同的理解。比如說，從時間上來說，「手頭的事」就是指眼前的事。但是，這「眼前」可以是一秒鐘，也可以是一個小時、一天、一個月，甚至一年乃至幾年。而從空間上來說，手頭的事不等於手邊的事，它不受空間的限制，可以是你觸手可及的一件事，需要親力親為；也可以是離你千里之外的某件事，只需遙控即可。

從微觀和宏觀的角度來講，這個概念又能分成兩個部分。微觀上說來，手頭的事就是你正在做的事。這件事或許就是日常的生活瑣事，比如吃飯、睡覺。也許你會說，吃飯睡覺哪算是一件必須做好的事，這樣的事想也不用想就會做！然而，世界衛生組織對十四個國家十五個地點的二萬五千九百一十六名在基層醫療就診的病人進行了調查，結果發現，有二十七%的人有睡眠問題。換句話說，全世界有大約二十七%的人口沒有將睡眠這件事情做好。高品質睡眠對我們生活的重要性，我想無須多說，大家也應該有所瞭解吧。所以說，如果每一個人都能將手頭正在做的事做好，無論這件事是小事還是大事，我們的生活都會因此大為改觀。

而從宏觀上來說，手頭的事是你的一個目標，長期的或是短期的。目標是成功的前提，沒有目標，成功就如同鏡花水月，可遇而不可求。沒有目標的人今天做這個，明天做那個，那麼，雖然他可能將每一件事都做好了，但是沒有一個前後一致的目標，他的努力產生的或許就是南轅北轍的後果。

要想成就一番事業，我們必須將這個理念的微觀內涵和宏觀內涵結合起來，這樣才能獲得正確的理解，達到自己的目標。這就好比拍電影，每一個鏡頭的拍攝都是當時你正在做的事，也就是那個時刻你手頭的事，這是從微觀意義上來說的。每一個鏡頭都必須符合導演的要求和設想，也就是必須將每一個鏡頭的拍攝工作都做好。而從宏觀上來講，導演手頭的事就是創作出一部好電影，每一個鏡頭的拍攝都是為了滿足這個要求，都是為了做好這件事，一點一滴將心目中理想的影片創作出來。如果說，沒有拍一部好電影這個宏觀意義上的目標，只是漫無目的地拍好所有的鏡頭，那麼，即使所有的鏡頭都完美無缺，我們看到的也可能是一部令人大失所望的片子。

其實，「做好手頭的事」這個道理我們很早就懂。

小學生的故事書裡有小貓釣魚的寓言，我想大家都不會忘記。那或許是我們學到的第一個寓言故事，故事情節很簡單，蘊涵的道理也很簡單。

然而，在社會打拼久了，看多了成功人士的事蹟，才發覺這其實是一個很深奧的道理。一心一意做好手頭的事，這是誰都會說的一句話，但在這個心浮氣躁的時代，又有多少人能靜下心來「釣釣魚」呢？

如果我們能像小貓一樣，專心將手上正在做的事做好，那麼，一條一條的大魚自然就會上鈎，我們的生活也會取得一個個的成就。許多人成功的秘訣也就在此。

## 二、改變人生的二十四個字

一八七一年春天，一名蒙特瑞綜合醫院的醫科學生，對生活充滿了憂慮：怎樣才能通過期末考試？未來該做些什麼事情？該到什麼地方去？怎樣才能開業？怎樣才能謀生？他拿起一本書，看到了對他的前途有著重大影響的二十四個字。

這二十四個字使這位年輕的醫科學生成了當時最著名的醫學家。他創建了聞名全球的約翰．霍普金斯醫學院，成了牛津大學醫學院的欽定講座教授——這是英國醫學界所能得到的最高榮譽。他還被英王封為爵士！

這個年輕人就是威廉．奧斯勒爵士。一八七一年春天，他所看到的那二十四個字幫助他度過了無憂無慮的一生。這二十四個字就是：

「最重要的是不要去看遠渺茫的遠處，而要去做手邊清楚的事。」

這是湯姆斯．卡萊里說的一句話。它難道是主張人們不用下工夫為明天做準備？不，絕對不是。奧斯勒在講演中說道，集中所有的智慧、所有的熱誠，把手頭的工作做得盡善盡美，這就是你迎接未來的最好方法。

正如奧斯勒爵士所說，迎接未來的最好方法就是做好手頭的事。未來就在我們手中，我們要做的就是努力去創造它，努力將眼前的事做好。只有當我們做到了這一點，生活才會充滿希望，我們的心中才會充滿激情，未來才會變得越來越好。假如連手頭的事都做不好，都搞得一團糟，我們又怎麼可能希望明天會更好呢？

## 三、生活就像一個沙漏

我們每個人都會有很多事要做。有時，你會覺得自己忙不過來，每一件事都好像迫在眉睫，這邊的事還沒完成，那邊的事又得趕緊著手了，甚至忙得焦頭爛額之後，事情依然一團糟，就如同整理線頭一樣，這個線頭沒理清就另換了一個線頭，結果越理越亂。

我想，很多人都曾有過這種感覺，也都覺得它如影隨形、無法擺脫。朋友，不妨靜下心來，看看下面這個故事，或許它會給你一些啟示，讓你的生活重歸平靜。

有個叫泰德·班傑明的年輕士兵在自己的回憶錄中寫道：「一九四五年四月，我患了一種醫生稱之為結腸痙攣的疾病，這種病使人極其痛苦。我想，假如戰爭不在那時結束的話，我整個人就會垮掉。

「當時我筋疲力盡。我在第九十四步兵師擔任士官職務，工作是記錄作戰中傷亡和失蹤人員的情況。除此之外，我還要幫助挖掘那些在激戰中陣亡後被草草埋葬的士兵，把他們的遺物送還給他們的親友。我一直擔心自己會出事，懷疑自己能否熬過這段時間，懷疑自己能不能活著回去抱抱我那尚未見面的十六個月大的兒子。我既憂愁又疲憊不堪，瘦了三十四磅，還差點兒發瘋。我眼睜睜地看著雙手變得皮包骨頭，一想到自己瘦弱不堪地回家就害怕。我崩潰了，常常一個人哭得渾身發抖。有一段時間，也就是德軍最後大反攻開始不久，我常常哭泣，這甚至使我放棄了還能恢復正常生活的希望。

最後，我住進了醫院，一位軍醫給了我一些忠告，整個改變了我的生活。在我做完一次全面身體檢查之後，他告訴我，我的問題純粹是精神上的。『泰德，』他說，『我希望你把生活想像成一個沙漏。在漏斗的上半部，有成千上萬顆沙粒，它們緩慢、均勻地通過中間那條細縫。除了沙和漏斗，你我都無法讓兩顆以上的沙粒同時通過那條窄縫。我們每個人都像這個漏斗，當一天開始的時候，有許多事情要我們儘快完成，但我們只能一件一件地做，做好手頭的那件事，每一件工作才能像沙粒一樣均勻地慢慢通過。否則，我們的身體和精神都會受到損傷。

從值得紀念的那天起，也就是軍醫把這段話告訴我之後，我就一直奉行這種哲學。『一次只通過一顆沙粒……一次只做一件事。這個忠告在戰時拯救了我，而對我目前在印刷公司的公共關係及廣告部中所做的工作也有莫大的幫助。我發現在職場上也有類似戰場的問題，即，在有限的時間裡要做完好幾件事很難，比如材料要補充、新的表格要處理、要安排新的資料、位址有變動、分公司開張或關閉……但我不再慌亂不安。我一再重複默誦軍醫的忠告，工作比以前更有效率，再沒有那種在戰場上幾乎使自己崩潰的無所適從。」

要做的事太多，我們通常就會望而卻步，嚇得不敢動手。其實，事雖然多，要緊的是懂得必須集中注意力把手頭的工作做好。工作就像一個沙漏，每次只能集中精力完成一件。每次都做好手頭的一件事情，讓它不再成為你的後顧之憂，不必再為它分心，那麼，你做事的效率、成功率自然就會提高，就能和沙漏一樣，不再停滯難前。

所以，把事做好的唯一方法，是把手頭的事當作你一生唯一的一件來做。結果會越做越大、越做越好。

## 第二節 改變，從做好當前的工作開始

一位著名的細菌學家，他的實驗室有三百多種牛奶的樣品，全是他的女助手獨自完成檢驗工作。細菌學家擔心她負擔不起，於是對她說：「工作是不是太多了？妳會做不了的！」那位女助手卻說：「不算多，我可以一件一件地處理。」

你能想出比這更好的辦法嗎？

老子曾說：「合抱之木，生於毫末；九層之台，起於累土；千里之行，始於足下。」馬克思也指出，一切事物的發展都是從量變開始的，它是質變的準備、前提和基礎。沒有量變，就不可能有質變。而量變到了一定的階段，就必然會發生質變，從而引起事物的根本性變化。

成功就是一種質變，而為成功所做的一切準備就相當於量變，如果我們沒能將它所需的條件準備好，質變又從何而來？反過來說，只要你一步一步地做好了手頭的工作，成功必然是一件水到渠成的事。

無論是在事業、生活還是感情方面，任何的改變都是量變的累積，都必須從做好當前

的工作開始。就像時間總是一秒一秒地流逝，從而彙聚成一條時間長河。

## 一、每秒走一下

一隻新組裝好的小鐘放在兩只舊鐘當中。兩只舊鐘「滴答」、「滴答」一分一秒地走著。

其中一只舊鐘對小鐘說：「來吧，你也該工作了。可是我有點擔心，你走完三千二百萬次以後，恐怕便吃不消了。」

「天哪！三千二百萬次！」小鐘吃驚不已。「要我做這麼大的事？辦不到，辦不到。」

另一只舊鐘說：「別聽他胡說八道。不用害怕，你只要每秒滴答的擺一下就行了。」

「天下哪有這樣簡單的事情。」小鐘將信將疑。「如果這樣，我就試試吧！」

小鐘很輕鬆地每秒鐘「滴答」擺一下，不知不覺中，一年過去了，它擺了三千二百萬次。

每個人都希望夢想成真，成功卻似乎遠在天邊遙不可及，倦怠和缺乏自信讓我們懷疑自己的能力，放棄努力。其實，我們不必想以後的事，一年、甚至一個月之後的事，只要想著今天我要做些什麼，然後努力去完成，就像那只小鐘一樣，每秒「滴答」擺一下，成功的喜悅就會慢慢浸潤我們的生命。

## 二、改變，從做好當前的工作開始

我們每個人在這個世界上都有屬於自己的角色，大多數人的角色甚至是微不足道的，許多人因為角色卑微不願努力去扮演，好高鶩遠，結果永遠令自己失望。事實上，萬丈高樓平地起，我們只有從做好一磚一瓦開始，才能建起金碧輝煌的大廈。

艾倫·紐哈斯是《今日美國》的首席執行長。他九歲的時候，在南達科他州祖父的農場裡開始了自己的第一份工作——赤手去撿牧場上的牛糞餅！當時，一般的孩子都不樂意做這樣的活。可艾倫與眾不同，他做得好極了。

就這樣，過了一段時間，艾倫的祖母開著福特車來學校接他，並告訴他說：「艾倫啊，祖父將要給你一份新的工作，這是你想要的——你將擁有自己的馬匹去放牧，因為去年夏天你撿牛糞時表現得極其出色。」

就這樣，他在工作崗位上得到第一次提升，他很開心。一個小小的信念也在他腦袋中生根發芽：「你做的哪怕是一件噁心的活，只要認真做下去，而且儘量做好，你會得到提升，再也不用做那樣的活兒，這比當個無用的人胡混下去強多了。」

從此，他不時在工作中想起這句話。終於有一天，成為南達科他州一名每星期掙一美元的肉鋪幫工，這份工作仍然噁心，但是他的原則也依然很簡單：把手頭的事做好，肯定會得到提升，當前的現狀就能改變。

誠然，後來艾倫成了每星期賺五十美元的美聯社記者，那信條他一以貫之。很多年過去，他成了年薪一百五十多萬美元的大富翁。如今，艾倫是全美國受人模仿最多、閱讀面最廣的報紙《今日美國》的首席執行長。

艾倫深知此理，將人生每一階段屬於他的角色都出色地扮演好，終於有一天，他成了人們豔羨的成功人物。

你我也都能像艾倫一樣，扮演好自己的角色，做好眼前需要做的事。之後等待你的，就是成功的喜悅和幸福。

## 三、善用你所擁有的每一分鐘

好好利用你所擁有的每一分鐘，你的收穫會讓你離目標更近一步，離煩惱也遠了許多。

著名滑冰運動員斯科蒂．漢米爾頓是一個被收養的孩子，他最難忘的就是養母經常對他講的那席話：「上蒼給予你的時間很有限，從你生下來的那天起，你的生命就已經在倒數計時了，所以你必須不斷進步。的確，有的人擁有比別人更多的時間，但重要的是，你能好好利用你所擁有的每一分鐘。」

後來，斯科蒂又幸運地認識了一家人。那家人相當仁慈，熱情地提供資金讓他參加訓練，卻從不開口要回報。

有一回，斯科蒂在芝加哥參加一次大型比賽，緊張不已，忽然有人在他旁邊坐下，簡短地說：「什麼都別想，去滑冰吧！」確實，想的太多，就難於集中精力，自然就不能用好當下的每一分鐘。

許多人很看重奧林匹克，把拿金牌當成最後的目標。但斯科蒂並不是，到那兒參賽的過程才是更重要的。他覺得越是靠近目標，就越能感覺到它即將實現。不要誤會，斯科蒂其實對自己已經取得的成績很滿意，但他意識到：還有更好的結果在等著我去實現，我還能將我要做的事做得更好。總之，每天要在訓練場準時出現：當感覺不好時，能堅持下去；晚上沒睡好時，第二天一樣去鍛鍊；感覺好的時候，就多做些！在奧運會上，競爭激烈，一個人真的很難超越所有的人，但正是在那個時候，運動員都表現得異常活躍。大家都一樣，在盡力運用自己的每一分鐘。因為只有利用好眼前的每一分鐘，到了賽場上才不會後悔。

一九九七年，當斯科蒂被診斷患了癌症時，這些話就更管用了。一開始，他感覺糟糕極了，但後來他就全力配合治療。他終於明白：癌症是可以治癒的，只要你戰勝它！

我們也應該記得斯科蒂的養母教導他的話，這就是斯科蒂之所以成功的秘訣——用好每一分鐘！

當我們用好每一分鐘，將所有注意力都集中到手頭正在做的一件事情上。我們可以將這想像成戰爭，每一分鐘、每一件事就是我們要征服的對手。當我們集中優勢「兵力」圍殲敵人時，我們就能利用取得的一絲一毫勝利步步為營，爭取全面的成功。反之，如果把精力分散到各種不同的事情上，就像拉長了戰線，會因寡不敵眾而潰不成軍。想同時解決所有困難，困難就可能遠遠超過我們的能力，會不可避免地給自己帶來徒勞與挫折。

## 第三節 最珍貴的是現在

做好眼前的事、手中的事，自然就必須珍惜自己所擁有的一切。很多人總是喜歡展望未來，覺得明天會得到更好的職位、更多的金錢、更美麗的愛情、更舒適的生活……對未來抱有切實的希望本沒有錯，但若是好高騖遠、不珍惜自己所擁有的東西，那你或許就將悔恨終生。記住，獲致幸福的不二法門是珍視你所擁有的、遺忘你所沒有的。

### 一、殘疾博士黃美廉

她站在臺上，不時不規律地揮舞著雙手；仰著頭，脖子伸得好長好長，與她尖尖的下巴扯成一條直線；她的嘴張著，眼睛眯成一條線，詭譎地看著台下的學生；偶爾她口中也會依依唔唔的，不知在說些什麼。基本上她是一個不會說話的人，但是，她的聽力很好，只要對方猜中或說出她的話，她就會樂得大叫一聲，伸出右手，用兩個指頭指著你，或者拍著手，歪歪斜斜的向你走來，送給你一張用她的畫製作的明信片。

她就是黃美廉，一位自小就染患腦性麻痺的病人。腦性麻痺奪去了她肢體的平衡感，也奪走了她發聲講話的能力。從小她就活在諸多肢體不便及眾多異樣的眼光中，她的成長充滿了血淚。然而她沒有讓這些外在的痛苦擊敗她內在奮鬥的精神，她昂然面對，迎向一切的不可能，終於獲得了加州大學藝術博士學位。

她用她的手當畫筆，以色彩告訴世人「寰宇之力與美」，並且燦爛地「活出生命的色彩」。全場的學生都被她不能控制自如的肢體動作震攝住了。這是一場顛覆生命、與生命相遇的演講會。

「請問黃博士，」一個學生小聲的問，「妳從小就長成這個樣子，請問妳怎麼看自己？妳都沒有怨恨嗎？妳怎麼能夠過得這麼開心？」

「我怎麼看自己？」美廉用粉筆在黑板上重重寫下這幾個字，寫完後，她停下筆來，歪著頭，回頭看著發問的同學，然後嫣然一笑，回過頭來，在黑板上龍飛鳳舞地寫了起來：

我好可愛！

我的腿很長很美！

爸爸媽媽這麼愛我！

上帝這麼愛我！

我會畫畫！我會寫稿！

我有隻可愛的貓！

還有……

教室裡一片鴉雀無聲，沒有人敢講話。她回過頭來定定看著大家，再回過頭去，在黑板上寫下了她的結論：「我只看我所有的，不看我所沒有的。」

只珍惜所擁有的，只珍惜眼前的，或許有人會說這是一種鼠目寸光。可是，很多人在失去了之後才悔悟，原來珍貴的其實就是眼下的一切，是手頭所擁有的東西。珍惜眼前所擁有的資源，把這種資源維護好，就需要我們付出努力，儘量把當下的事做好。

## 二、前世，今生？現在！

這是一個感人至深的浪漫愛情故事，在網路上流傳已久。

從前，有一座圓音寺，每天都有許多人上香拜佛，香火很旺。在圓音寺前的橫樑上有隻蜘蛛，結了張網。由於每天都受到香火和虔誠祭拜的熏陶，蜘蛛便有了佛性。經過一千多年的修煉，蜘蛛的佛性增長了不少。

忽然有一天，佛祖光臨圓音寺，看見這裡香火鼎盛，十分高興。離開寺廟的時候，不經意間抬頭看見了橫樑上的蜘蛛。佛祖停下來，問這蜘蛛：「你我相見總算是有緣，我來問你個問題，看你修煉了這一千多年，有什麼真知卓見。怎麼樣？」蜘蛛遇見佛祖很是高興，連忙答應了。佛祖問道：「世間什麼是最珍貴的？」蜘蛛想了想，回答：「世間最珍貴的是『得不到』和『已失去』。」佛祖點了點頭就離開了。

這樣又過了一千年光景，蜘蛛依舊在圓音寺的橫樑上修煉，佛性繼續增強。一日，佛祖又來到寺前，對蜘蛛說：「你還好嗎，一千年前的那個問題，你可有什麼更深的認識？」蜘蛛說：「我覺得世間最珍貴的就是『得不到』和『已失去』。」佛祖說：「你再好好想想，我會再來找你的。」

於是又過了一千年。有一天刮起了大風，風將一滴甘露吹到了蜘蛛網上。蜘蛛望著甘露，見它晶瑩透亮，很漂亮，頓生喜愛之意。蜘蛛每天看著甘露很開心，覺得這是自己三千年來最開心的幾天。突然，有一天又刮起了一陣大風，將甘露吹走了。蜘蛛一下子覺得失去了什麼，感到很寂寞和難過。這時，佛祖又來了，問蜘蛛道：「這一千年你可好好想過世間究竟什麼才是最珍貴的？」蜘蛛想到了甘露，對佛祖說：「世間最珍貴的還是『得不到』和『已失去』。」佛祖說：「好，既然你這樣認知，我就讓你到人間走一遭吧！」

就這樣，蜘蛛投胎到了一個官宦家庭，成了富家千金，父母為她取了個名字叫蛛兒。時間一晃，蛛兒到了十六歲，已經成了婀娜多姿的少女，模樣楚楚動人。

有一天，皇帝在後花園為新科狀元甘鹿舉行慶功宴席，一時來了許多妙齡少女，包括蛛兒，還有皇帝的小公主長風。狀元郎在席間吟詩作賦，在場的少女無一不為他的才藝傾倒。但蛛兒一點也不緊張和吃醋，因為她知道，這是佛祖賜予她的姻緣。

過了些日子，說來也巧，蛛兒陪同母親上香拜佛的時候，正好甘鹿也陪同母親前來。上完香拜過佛，兩位長者在一邊說話。蛛兒和甘鹿便來到走廊上聊天，蛛兒很開心，終於可以和喜歡的人在一起了！但是很可惜，甘鹿並沒有表現出對她的喜愛。蛛兒對甘鹿說：「你難道不記得十六年前圓音寺蜘蛛網上的事情了嗎？」甘鹿很詫異，說：「蛛兒姑娘，妳長得漂亮，也很討人喜歡，但妳的想像力未免豐富了一點吧。」說罷，就和母親離開了。

蛛兒回到家，心想：佛祖既然安排了這場姻緣，為何不讓他記得那件事，甘鹿為何對我沒有一點感覺呢？

幾天後，皇帝下詔，命新科狀元甘鹿和長風公主完婚，蛛兒和太子芝草完婚。這一消息對於蛛兒如同晴空霹靂，她怎麼也想不通，佛祖竟然這樣對她。她連日不吃不喝，窮究急思，靈魂就將出竅，生命危在旦夕。太子芝草知道了，急忙趕來，撲倒在床邊，對奄奄一息的蛛兒說道：「那日在後花園眾姑娘中，我對妳一見鍾情，我苦求父皇，他才答應了讓我娶妳。如果妳死了，那麼我也不活了。」說著就拿起寶劍，準備自刎。

就在這時，佛祖趕來了，對快要出竅的蛛兒靈魂說：「蜘蛛，你可曾想過，甘露（甘鹿）是由誰帶到你這裡來的？是風（長風公主）帶來的，最後當然也是風將它帶走。甘鹿是屬於長風公主的，他對於你不過是生命中的一段插曲。而太子芝草是當年圓音寺門前的一棵小草，他看了你三千年，愛慕了你三千年，你卻從沒有低下頭看過它……現在我再問你，世間究竟什麼才是最珍貴的？」

蜘蛛聽了這些真相，一下子大徹大悟，對佛祖說：「世間最珍貴的不是『得不到』和『已失去』，而是現在能把握的幸福。」剛說完，佛祖就離開了，而蛛兒也回魂，睜開眼睛，看到正要自刎的太子芝草，她馬上打落寶劍，和太子深深地擁抱……

蜘蛛化身的蛛兒明白自己一生在追求的是什麼，那就是找到真愛，但在尋找愛情的旅途上，她迷失方向，走上了歧路。她看到的，不是眼前的芝草，而是屬於風的露珠。我們在人生中，也經常犯和蛛兒一樣的錯誤——盯著遠處不屬於我們的東西，卻對自己所擁有的視而不見；整天想著明天我要完成什麼，要取得什麼樣的成就，卻忘記現在才是真實的，才是你能夠得到和掌控的。

珍惜此刻、做好手頭的事，這是你一生唯一要做的一件事，也是你一生唯一能做的一件事。為目前的處境一籌莫展的你，為了未能達到的目標耿耿於懷的你，還在沈溺於過往的失敗中的你，當你專心致志於手頭的事，你就會發現，你的「芝草」其實並不難得到，成功也並非遙遙無期。

第二章

# 一生不止做一件事的壞處

前惠普女ＣＥＯ菲奧麗娜曾說過這樣一句話：「我的目標是百分之百地關注現在的工作，並且比別人做得更好。我曾經看到很多雄心勃勃的人失敗，原因就是他們關注的是下一個工作，而沒有把手頭的工作做好。」

許多人一生無成，不是因為他們沒有能力、不夠誠心，也不是沒有對成功的渴望，而是因為他們做事往往不是有始無終、虎頭蛇尾，就是在行事時敷衍了之。他們常常會對自己手頭正在進行的事情產生懷疑，即使有時看準了某項事業，卻經常會在做到一半時又覺得另一個職業更為穩妥、更易成功。於是，他們做事就沒有耐性，常常是一件事情沒做好，又去忙另一件事情，結果搞得兩頭無成。

## 第一節　無法專注所以失敗

### 一、找牛的僕人

主人的兩頭牛走失了，就吩咐他的僕人出去找。可是等了半天也不見僕人回來，主人只得出去尋找，看個究竟。

在野地裡，主人看到他的僕人正在那裡來回瞎跑，就問他：「你到底在幹什麼？」

僕人回答：「剛才我發現兩頭鹿，您知道，鹿茸非常值錢，所以不必找什麼牛了。」

主人說：「那麼你捉到鹿了嗎？」

僕人說：「我去追朝東跑的那頭鹿，誰知牠跑得比我快。不過請放心，我記得朝西的那頭鹿腳有點瘸，所以轉過來再追牠，相信我會捉到的。」

叫他找牛他去捉鹿，捉東邊那隻時卻惦記著西邊那隻，念頭反覆無常，最終落得個牛沒找著、鹿沒捉到的結局。

其實，像僕人這樣的例子在生活中並不少見。無論是在生活、工作，還是感情上，最忌諱的就是朝三暮四。有些人總是在一件事還沒有完成的時候就想著另一件事，看起來忙忙碌碌、十分努力，最後卻連自己都不知道自己在幹什麼、想追求什麼。像他們這樣無法專注於手頭工作的人，想取得成功或達到目的真可謂天方夜談。

## 二、一事無成的湯姆斯

美國一位著名的成功學家也講述過一個相似的故事。

好多年前，當湯姆斯剛從大學畢業的時候，進了一家不大不小的企業做文書工作。在湯姆斯看來，文書的工作枯燥又沒有挑戰性，他一點都不感興趣，於是沒過多久，他就進行了人生中的第一次跳槽。第二份工作是保險推銷員，因為他覺得很多偉大的企業家都曾經賣過保險。一開始他躊躇滿志，想在這個行業中闖出一番天地。

但是保險並沒有像他所想的那麼容易推銷，人們常常還沒等他開口就拒絕了。不到一個星期，湯姆斯灰心了。他垂頭喪氣地認為自己沒有幹保險的能力。

於是他又一次辭職了，心裡盤算著這次得找一個自己感興趣的工作。可問題是，他不知道自己喜歡幹什麼。為了找出自己的興趣，他先後換了二十幾份工作，做過公關策劃、編輯、圖書發行人員、廣告人員，甚至還借錢開過一個小商店。

但無論做什麼，湯姆斯都是半途而廢，連學習也是如此。他曾一度癡迷法語，廢寢忘食地學習那些法文教材，但要真正學好法語，必須先透徹瞭解法語；而要學好法語，又必須對拉丁文有全面的掌握和理解。之後，湯姆斯發現，要想學好拉丁語難如登天，兩三下就棄械投降了。可想而知，法語學習自然也成了海市蜃樓，可望而不可即。

甚至在愛情方面也是如此。湯姆斯一直都沒有妻兒，雖然他也談過戀愛，但每一次都無疾而終。

他曾對一個非常可愛的姑娘一見鍾情，決定立刻上她們家去提親。這位迷人的女孩有五個妹妹，當他上姑娘家時，遇見了她家的二妹來開門。這位妹妹更年輕，湯姆斯便喜歡上了二妹。可是一天晚上，當他去姑娘家拜訪時，開門的是一位更小的妹妹，於是他又喜歡上了這個妹妹……這一來，湯姆斯翻來覆去地逐個將眾姐妹衡量了一番，最後卻一個也沒得到。

每個人都想實現自己的目標，和湯姆斯抱有同樣願望的人也不少見。然而，能集中全力做好手頭工作的人卻並不多見。人們總喜歡幻想以後的日子，就像有的孩子還在念書，卻常常分心東想西想，諸如畢業之後要做什麼、要賺多少錢。有目標不是壞事，但做事分心卻很難將事情做好。正如有些醫生看來很敬業、很關心病人，但在診斷眼前的病人時，分心去想上次手術的那個病人如何了。這種學生書總是讀不好，這種醫生也極難成為成功的醫生。

一位經常跳槽、最後一無所成的博士生這樣感歎：在這個物競天擇的年代，如果對待工作時能有像對待孩子般的耐心，選擇去留時能有像選擇婚姻那樣的慎重，聚集全身的能量專注投入，也許我的事業會是另一片天空。

## 三、有才華的窮人

前幾天，在網上看到這樣一句話，讓我極為震驚：天下到處是有才華的窮人！

有才華的人，怎麼會成了窮人呢？

如今這個社會，無論是哪個領域，政治、軍事、科學、經濟……凡能夠做出成就的人，哪個不是才華橫溢的聰明人？哪個不是縱橫人生的高手？那些創出傲人事業的人，又有哪個是蠢漢白癡？

然而，這確實是一個看似矛盾、卻普遍存在、甚為冷酷的不爭事實：在這個世界上，的確到處都是有才華的窮人！他們的窮，未必就是物質上的窮，更多的是目標未能得到實現，抱負未能得到施展。

然而，無論是在待業、就業中徘徊的能人們，還是在大公司裡衣著鮮亮卻沒能獲得理想地位的精英們，在他們不經意的言談中，從他們對那些成功人士嗤之以鼻的話語裡，常常能得出這樣一個令人困惑的結論：他們認為，自己的失意不是因為沒有才能，而是因為沒有運氣！

這個理由，實在太牽強！

難道比爾．蓋茲、李嘉誠或王永慶、郭台銘所擁有的一切，是天上掉下來的禮物？而他們自身的窘境或未能得到施展的抱負，則是上天命運之神分配不公的錯誤？

雖然他們經常會炫耀自己的才華，可是才華卻又並未能給他們帶來理想願景。為什麼才華這種「先進的生產力」，在很多人的身上卻沒能創造出相應的財富與成就？

因為他們朝三暮四，既不珍視其眼前的工作，也耐不得奮鬥的寂寞，沒能好好完成手頭的事。

「耐住寂寞真英雄」，許多智商不高、才華不多的人成了眾人豔羨的對象；「一心做好手頭的事」，讓任何只能賺取微薄利益的小生意小企業，都一步步發展成了參天大樹。

大陸浙江民營企業，賣每只一分錢利潤的打火機，讓溫州的民營企業打敗現代化的日本公司，殺入並佔據日本市場；每支利潤甚至不到一分錢的飲料吸管，能讓另一家民營企業雄據國際市場的高市佔率。他們的成功有什麼秘訣嗎？沒有！如果要說有的話，那就是將每一只打火機、每一支吸管都做好、做精。

人們常愛說機會、說運氣。其實，所謂的大機會、好運氣可以說是人們耐心等待、專心致志的成果。正如有些人好高騖遠、心性浮躁，這山望著那山高，結果蹉跎一生，一件事也沒幹好；有的人怕苦怕累、目標不定，一天一個決心，根本不可能厚積薄發。他們放棄了很多有意義的工作，失去了人生難得的機遇。

因此，一切自認有才華的聰明人，如果你還在做「窮人」，就請你再聰明一次：拾回你曾經丟失的寶貝——你的專注，一心做好眼前的事，不要對它敷衍了事。我想，很快你會發現，你的生活將充滿快樂，事業將前途光明。

親愛的朋友，請記住：不要做「有才華的窮人」！

## 第二節　不專注的時候最易犯錯

網易創始人丁磊曾經一針見血地指出：不專注的時候，也是你最容易犯錯誤的時候。不專注，人們的精力就難以集中，心思無法放在一件事物上面。鬼谷子在他的《鬼谷子本經陰符七術》中說：「心散則志衰，志衰則思不達。」思不達則事難以成。人的精力畢竟是有限的，往往窮盡全力也不見得能把事做好，更何況是不專心致志呢。

一心幾用，看來可以提高做事的效率，其實不然。每一件事都應該竭盡全力，如果該用百分之百心思的地方你只用了百分之五十，結果便不能如你所願，甚至連預期結果的百分之五十都不一定能達到。若是你同時去做的是兩件事，那麼兩件事都難以圓滿完成。這樣一來，你不得不重新開始，於是耽誤的不僅是時間和精力，也會延誤你下一步的行動。如此惡性循環，即使眼前沒有出現問題，時間長了，出現的問題和錯誤也會讓你窮於應付。到那時，關乎你生活和前途的這些錯誤後果，將讓你追悔莫及。

### 一、悔之晚矣的老木匠

有個經驗豐富的老木匠準備退休。這位木匠一生成果無數，做出來的器具、造出來的房子總是令人讚歎不絕。人老了總是想安度晚年，老木匠也不例外。於是他告訴老闆，說要回家與妻子兒女享受天倫之樂。

這樣的好工人，老闆自然捨不得讓他走，他問老木匠，是否能幫忙再建一幢房子。老木匠雖然歸心似箭，但仍然答應了老闆的要求。

於是老木匠又開始忙活起來，整天乒乒乓乓地到處敲敲打打。只不過，大家都看得出來，老木匠的心思已經沒放在手頭的木工活上了，他用的是軟料，出的是粗活。比起他以前蓋的那些房子來，這幢新房子還不如一個新手蓋的呢。

房子建好的時候，老闆把大門的鑰匙遞給他。

「這是你的房子，」他說，「作為這麼多年你用心為我工作的禮物。」

老木匠震驚得目瞪口呆，羞愧得無地自容。如果他早知道是在給自己建房子，他怎麼可能將房子蓋成那樣呢？現在，他得住在一幢粗製濫造的房子裡！

我們又何嘗不是這樣。我們漫不經心地「建造」自己的生活、對待自己的工作。我們不是積極行動，而是消極應付，凡事不肯精益求精，不願盡最大努力。等我們驚覺自己的處境，早已深困在自己建造的「破爛房子」裡了。

把自己當成那個木匠吧，想想你的「房子」。每天，你用心地敲進去一顆釘，用心地加上一塊板或豎起一面牆，用你的智慧好好建造它吧！

我們的生活是我們一生唯一的創造，不能抹平重建。做好手頭的事，進而將生活中的每一件事努力做到盡善盡美；過好今天，進而讓生活中的每一天都活得無怨無悔。那麼，即使我們只剩下一天的生命，那一天我們也不必為往日的生活追悔。

## 二、賽馬和弈棋

《史記》有一則賽馬的故事，說的是齊王要田忌和他賽馬，選上、中、下三等馬各一匹，採用三局兩勝制決勝負。由於齊王每一等次的馬都比田忌的要強，常規方法不可用。於是田忌採納孫臏的方法，以策略出奇制勝，贏了齊王。

另一個馬車比賽的故事是《韓非子·喻老》中的〈趙襄主學馭〉。

趙襄主即趙襄子，是春秋末期晉國六卿之一。他手下有個家臣王於期，以善馭著稱。於是，趙襄主就讓王於期傳授他趕車的技術。學了一段時間之後，趙襄主提出要與王於期進行一場馬車比賽。比賽中，趙襄主連換三次馬，但每次都落在後面。

趙襄主埋怨王子期，說：「你教我趕車，還留了一手呀！」

王於期回答說：「其實，我已經把技術全部教給您了，是您運用得不對呀！趕車最要緊的，是把馬套在車上時要套得舒適妥貼，趕車人的注意力要集中在馬匹上，這樣才能跑得快、跑得遠。今天的比賽中，您落在後面的時候，就只顧著想追上我；跑在前面的時候，又生怕被我追上。其實把馬引上大道賽跑，不是領先就是落後。可是您無論是領先還是落後，注意力都集中在我的身上，哪裡還顧得上照料馬匹呢？這就是您落後的原因啦！」

無論手頭正在辦什麼事情，都要把精力集中在所要辦的事情上，專心將它做好。無論是賽馬還是賽跑都是如此。一旦分散了精力，我們就無法成功。

無獨有偶，孟子也曾經講過一個類似的故事。

戰國時期，有個名叫弈秋的人，是諸侯列國中最善下棋的高手，堪稱國棋「鼻祖」。由於弈秋棋術如此高明，想向他學習下棋的人當然不計其數。不過弈秋就只收了兩個學生。其中一個學生誠心學藝，聽先生講課從不敢怠慢，十分專心。另一個學生大概只圖弈秋的名氣，雖拜在門下，並不下功夫。弈秋講棋時，他心不在焉，探頭探腦地朝窗外看，想著鴻鵠什麼時候才能飛來，飛來了好張弓搭箭射兩下試試。

兩個學生同在學棋、同拜一個師，前者學有所成，後者卻未能領悟棋藝。

其實，不僅學棋要專心，下棋也得如此，即使是弈秋這樣的大師，偶然分心也不行。

有一日，弈秋正在下棋，一位吹笙的人從旁邊路過。悠悠的笙樂，如天籟之音，飄飄忽從雲中撒下。弈秋一時走了神，側著身子傾心聆聽。此時，正是棋下到決定勝負的時候，笙突然不響了！原來吹笙人見是弈秋在下棋，探身前來請教圍棋之道。誰知，弈秋竟不知如何對答！不是弈秋不明棋理，而是他的注意力此刻不在棋上。

如弈秋者，都會因精力的分散而一時語結，更別說是我們了。

## 三、失去「跳遠冠軍」的兔子

動物園裡住著一隻兔子。這隻兔子長得非常好看，有一雙長長的耳朵，大大的眼睛。而且，這隻兔子還有個特長。你別看牠的腿不長，不但跑起來飛快，而且跳遠更是一絕，每一次小動物們比賽，牠都能獲得跳遠冠軍。

這一年，動物園決定舉辦第一屆運動會。這隻可愛的小兔報名參加跳遠項目，因為這是牠的強項嘛。果然，這隻兔子獲得了第一名，牠勝過了雞、鴨、鳥等其他動物。

跳遠比賽結束後，有一隻狗跑過來對兔子說：「兔子，你好厲害啊。不過，你這麼厲害，為什麼不好好發揮你的能力，培養其他運動方面的特長呢？不如從今天起，你每天跟我學習其他運動吧！」兔子一聽，當然非常開心，於是就採納了小狗的建議。從那天起，牠每一天都不斷練習。練完了游泳，就到草場上練習跑步；練完了跑步，又去練舉重……每一天，小兔子都勤加練習各種技能和運動。

轉眼，第二屆運動會就要開始了，躊躇滿志的兔子報名參加了很多項目，小狗也在旁邊替牠搖旗吶喊。

然而，牠失敗了。每一項比賽牠都無緣登上領獎臺，連最拿手、最有把握的跳遠也不例外。

貪心的兔子失敗了。其實，當牠一開始採納小狗的建議時，牠就注定了無法再獲得成功。更多的獎牌像罌粟誘惑著牠，讓牠失去理智、失去了專注精神，沒能一心一意地將跳遠練好。

我們生活在這個世界上，和這隻小兔子一樣，無時無刻不受到各種事物的誘惑：名聲、財富、榮譽……誘惑無處不在、無時不有，就好像攀纏著參天大樹的藤蔓一樣，誘惑時時糾纏於我們的生活、事業和學習當中，讓我們不斷分心，無法專注於眼前的事。

對大多數人來說，這些無時無刻不在的誘惑致使我們的精力白白消耗，讓我們三心二意、四處出擊。就像水庫裡的水，如果只有一個出口，出口處聚集的水流衝擊力就足以推動水輪機，將水力轉化成電能；但若是水庫大壩上有多處缺口，水就會慢慢流失，不能形成足夠的力量，也就無法達成用水發電的目的。如同這水庫裡的水，我們的注意力也必須傾注一個出口，才可能將力量聚集在一起成為動力和衝勁。若是在同一時間去做好幾件事情，非但每一件事不能圓滿完成，精力和時間還都會白白消耗。

自古能成事者，無一不是能面對誘惑而不為所動。因為不專注於事件本身，結果便不能臻於完美；不能把精力集中在一件事情上，這個人就不可能獲得成功。

而面對誘惑，我們需要專注，因為只有專注才是最有效的方法。在形形色色、紛繁複雜的誘惑面前，我們必須保持足夠的定力，辨明是非，認清一旦誘惑俘虜我們之後將會帶來的兇險後果。面對誘惑，我們不能像小兔子那樣一心多用，無法專注眼前正在做的事情上面。分心將導致失敗，惟有專注可能獲得成就，甚至化腐朽為神奇、創造奇蹟。

## 第三節 奢望明天的成功

幻想未來往往會導致逃避現實，從而以草草了之的態度對付手頭的事。人們會想像今後的某一刻會出現奇蹟般的轉變，自己的生活一下子變得事事如意、幸福無比、財富無限。人們也會期望自己在完成某一特別業績之後將會重新獲得全新的生活。這種業績或許是大學畢業、結婚，或是買房子、升職。

然而，成功是一個從量變到質變的過程，必須經過不斷的累積，轉變不可能是一蹴而就的。平時不注意累積、不從眼前的事做起，逐漸將事情做好，卻妄想將來的某個時刻突然轉運，這比買樂透想中二千萬更不可思議。

天上不會平空掉下大禮。只有當我們朝著正確方向逐步努力，將自己當下要做的每一件事都做好，前途才有可能一片光明。當然，前途光明不代表著發展的道路會一路暢通。道路很有可能會曲曲折折、反反覆覆。畢竟，在累積的過程中，我們所做的任何事情都可能遇到挫折和困難，不一定總能一帆風順。但是，即使是在這種時候，我們也絕不能放棄努力。假如一遇到困難和打擊，我們就放棄手頭的事，或是敷衍過去，不想辦法將它做好，那麼，勝利女神永遠也不可能對你青睞有加。

## 一、每一份工作都是證明自己的機會

筆者曾經聽朋友講起這樣一件事。朋友認識一個女孩子，我們姑且稱之為「小A」吧！

大學剛畢業的時候，小A對從事哪一行並沒有什麼特別的想法。由於從小家境不好，求學期間也總是捉襟見肘，她的工作目標很自然朝「錢」看齊。因此畢業後的五六年間，小A幾乎是每年換一個工作，希望多賺點錢。她先是在辦公室當助理，寫一些最簡單的企劃案，打打雜。

一年後，保健食品市場很熱門，小A聽信朋友的話，應聘到一家生物製藥公司去當推銷員。沒做多久，保健食品市場逐漸萎縮。正巧那時另一個朋友介紹她去一家行銷策劃公司，月薪和福利待遇都還不錯，於是第二天她就去報到上班了。這回做了一年，收入雖然比以前多了些，但離脫貧致富還有很大距離。

一次偶然的機會，小A碰上了以前的一位老同學。這位老同學畢業後就沒找工作，憑藉家裡的資助開了一家小貿易公司，正需要幫手。小A毫不猶豫地加盟他的貿易公司。半年後，公司生意轉淡，小A又轉而去了一家廣告公司。沒過多久，滿街都是拉廣告的業務人員，她又去了報社當記者……

小A總是期望自己明天的運氣會更好，待遇會更高，賺到更多錢。因此，每次只要聽說能賺到比原先公司更多的錢，她都會欣然前往，幾乎從不考慮新的工作對自己的發展有什麼幫助，也從不規劃自己的職業生涯。這樣折騰來折騰去，雖然也賺到了一些小錢，生活得到了些許改善，可是每每靜下心來，小A卻發現自己根本談不上任何的專業或經驗累積，根本是一事無成……

「無論你承擔了什麼工作，你都應該努力做到最好，即使你覺得這份工作很無聊。」這是寶潔公司的廣告部經理助理傑瑞·帕金森對自己的下屬說的一句話。當時這個下屬被派去研究Ivory洗髮水瓶子的開口究竟多大才合適：是八分之三英寸還是八分之一英寸……哈佛商學院畢業的她根本不能理解自己為什麼被分配這樣的工作。但是傑瑞的話點醒了她，沒過多久她就意識到，一個人獲得的每一份工作都是證明自己的機會。

當年的這個廣告部職員，就是今天全球最大的線上交易網站eBay公司的首席執行長兼總裁梅格·惠特曼！

朋友們，記住：你獲得的每一份工作都是證明自己的機會；你手頭的每一件事都是成功的奠基石。

## 二、作夢的價值等於零

這是一個冬天的早上，帝歐根尼正在進行日光浴，赤裸著躺在沙地上，享受早晨的陽光，一切是這樣美麗、寧靜，河流在一旁流淌……

亞歷山大大帝一直想見帝歐根尼。這天他見到了。但是，站在帝歐根尼面前，他不知道說什麼。除了權力和財富，亞歷山大這樣的人不可能想到別的。所以他看著帝歐根尼說：「我是亞歷山大大帝。如果你需要什麼，就告訴我。我能給你很多幫助，我也樂意幫你。」

帝歐根尼大笑著說：「我什麼都不需要。只請你稍稍往旁邊站一站，你擋住了我的陽光。這就是你能為我所做的一切。記住，不要擋住任何人的陽光，那就是你所能做的。別擋住我，你不需要做別的了。」

亞歷山大看著這人，說：「見到你使我很高興，我還從來沒有見到過這麼自在的人。」

帝歐根尼說：「沒問題！如果你想像我一樣自在，來，在我身邊躺下來，來個日光浴。忘掉未來，丟掉過去。沒有人阻攔你。」

亞歷山大笑了，他說：「你是對的——但時機還不成熟。會有一天我也願意像你這樣自在。」

帝歐根尼回答道：「那個『有一天』永遠不會來了。你以為自己還需要什麼？如果我，一個乞丐都能自在輕鬆，你還需要什麼？為什麼要這戰鬥與征服？為什麼需要去做這些？」

亞歷山大說：「當我勝利以後，當我征服了全世界以後，我會來向你學習，在這河岸上坐在你的旁邊。」

帝歐根尼說：「但如果我能躺在這裡，現在就放鬆，為什麼要等將來？為什麼跑到全世界給你自己和別人製造痛苦？為什麼要等到你的生命盡頭才來我這裡放鬆？我已經放鬆了。」

是啊，為什麼要等到將來呢？看完這個故事，問你這樣一個問題：你是願意像亞歷山大大帝那樣征服了全世界再來享受陽光呢，還是願意學帝歐根尼？我想大多數人會選擇後者；不，只有傻瓜才會選亞歷山大。

只不過，在現實生活中，我們的行動卻與回答大相徑庭。我們常常說：等我買了房子、車子之後，我要去西藏、去天山；等我老了、退休了，我就可以養養鳥、種種花；等孩子長大了、獨立了，我就可以做自己想做的事情……每個人都會作夢，大多數人也都在作夢。

他們或許讀書不求甚解，散步似在趕路，工作似在敷衍，匆匆地吃飯，也只是為了做下一件事，而做下一件事時，又奢望著另一件事。一切手頭的東西都索然無味，似乎都沒有另一件事有價值。看著這山，望那山高；吃著碗裡的，想著鍋裡的。這樣的人總是覺得自己的美好生活不在此處，而在他方，不但不能活在眼前的世界裡，也不能專心做手頭的事。

然而，我們要明白，自己不是活在別處，而是活在現在，哪怕現在的你是處於疾病和痛苦之中。我們不必去解決很多困難，而是要解決眼前這件事情。我們不需要對自己有太多的控制，也不需要過多的努力，只要專注於手頭上正在做的事情，讓自己完全投入在當下的生活中。

「作夢的價值等於零。」比爾．蓋茲這樣說。沒錯，誰都可以作夢，但不是誰的美夢都可以成真。如果我們以為自己有無限的時間與精力，可以等到將來再去做想做的事，那我們無異於在等待中徒耗生命。假如現在就一步一步努力去接近我們的夢想，我們就不會活了半生，卻出現自己最不想看到的結局。

所以我們要行動，但關鍵是專注於眼前的行動；我們要好好地生活，關鍵也是專注於當下的生活。一個人一生只要做好手頭的每一件事，他的一輩子就不會白過，因為回顧往事，他會發現自己並不後悔。

做好手頭的事，這個標準似乎不高，但是真正達到這個目標，卻並非那麼簡單。做好眼前的事，容易，只要堅持；但世界上最容易的事是堅持，最不容易的事也是堅持，因為真正能將事做到底的、做到完美的，終究只是少數人。

## 三、教育軟體巨頭為何負債累累

大文豪歌德說：「一個人不能騎兩匹馬，騎上這匹，就要丟掉那匹，聰明人會把分散精力的事物置之度外，專心致志地只學一門，學一門就要把它學好。」

套用歌德的話：成功的企業家會把凡是分散精力的戰略決策都置之度外，只專心一意去經營一門，而且要把它經營好。

中國大陸成立於一九九一年的科利華公司，憑著對教育軟體非凡、獨到的領悟力，在教育軟體市場異軍突起，短短幾年間就成了該領域的領頭羊，並於一九九六年被世界著名的經濟雜誌《商業周刊》譽為「中國軟體市場的決定性力量之一」；一九九八年，大陸國家科委還將科利華認定為「國家火炬計劃軟體產業基地」。

在教育軟體市場上，科利華一九九四年研製成功的「科利華電腦家庭教師」軟體幾乎君臨天下，可以說是所向披靡無敵手，擁有相當多的客戶群，市場佔有率非常高。而且，由於科利華進入教育軟體市場的時機也比較早，研發團隊相對非常完整，有一支很強大的教師隊伍。這本來是從廣度和深度上將教育軟體做好的最佳時機，可以在這兩方面進一步擴大和推進市場。

孰料，一度雄霸教育軟體江湖的科利華卻自廢武功，非但沒有在已取得一定成功的這一領域做強做大，反而轉變經營理念，先是貿然進入了管理軟體市場，後又癡迷上了網路經濟。

而與此同時，對於自己賴以成名的幾大看家產品，科利華卻顯得相當心不在焉。在家庭教育軟體市場上，一九九八年還有四三．九％市佔率的科利華家教軟體，從此被打入冷宮，資金支援、市場宣傳力度陡降、各地的代理商大幅度減少，相關的展示會也銷聲匿迹。軟體技術方面更是只作升級處理，內容無大的變化。新開發的網路教室、資源庫、電子備課系統、家教小學軟體、學生瀏覽器等，做得比較粗糙，並無任何領先或突出之處。

當時的業界人士公認，科利華的優勢在於對中國教育產業市場、教育體制的領悟，以及其強大的研發能力、教師隊伍和對學生心理的獨到把握。從這個角度來看，科利華最應該做的就是做好教育軟體發展。但是，它不僅沒有在此基礎上將教育軟體逐步完善、強化自身核心能力，反而放棄手頭這件最重要的事，只顧追逐時代潮流，投資管理軟體和網路經濟，完全忽略自身核心能力的真正所在。

而用友軟體的發展卻與科利華形成了鮮明對比。同樣進行了經營理念轉型的用友公司，不僅沒有放棄自身賴以成名的財務軟體，相反的，他們始終於立足自己的產品，為客戶提供更先進、更完備的財務處理軟體和系統，穩穩佔據了財務軟體市場的半壁江山。同是以軟體發展起家的企業，科利華與用友如今的境遇可謂是天上地下。他們的成功和失敗，用盛大網路董事長陳天橋的一席話來詮釋或許恰到好處：

一個企業創業，最容易犯的一個錯誤，就是不專注於在某一點上進行突破，比方做一個網站，既可以做這個東西又可以做那個東西，並且以之為榮，實際上什麼都能做的企業往往什麼都不能做。只有專注的企業才能成功！

就像科利華和用友一樣，前者雖然名噪一時，但無法堅持做好當時手頭的事，「跳來跳去」，最終落了個負債累累。而後者卻始終專一如初，以最大的財務軟體供應商而名揚國內。

第三章

# 為什麼一生只做一件事

不要小看手頭的事，每一件事都可能是一次機會；也不要輕視手頭的事，每一件事都是通往成功的步伐。做任何事的時候，必須全神貫注，將它當作此時此刻最重要的事來做。走好每一步，才有可能走好全程；做好眼前的每一件事，才有可能過好每一天、每個星期、每個月，乃至整個人生。

學有所成的人，每一個知識都學得全神貫注；生活幸福、快樂的人，每一天都不會讓它虛度；能在事業上闖出一番天地的人，每一點小事都不會放過；婚姻美滿的人，深深瞭解珍惜眼前人的重要性。

## 第一節 非專注無以致遠

### 一、卑微也會成為偉大

同樣的工作，有人能夠成功，有人卻毫無發展，不是因為他們沒有野心或不夠聰明，而是因為：無論手頭的是什麼，成功者都力求做到最佳境地，絲毫不敷衍了事；而失敗者卻輕率疏忽、甚至怨天尤人。

任何極其平凡的職業，任何極其低微的位置，都可能成就一個人，因為事業的終點不是由他的工作起點來決定的。「三百六十行，行行出狀元」，任何行業都會有傑出的人才、優秀的人才。不是有句話說「成功就是把簡單的事重複做好」嗎？即使手頭的事再簡單、再卑微，只要把它做好了，人們也能從中脫穎而出，取得令人矚目的成就。

詹姆斯是一名毫不起眼的理髮師，從三年前一個洗頭髮、吹頭髮、遞毛巾的學徒一步步走到今天。現在，他謝絕了老闆的加薪挽留，自己另立門戶。

如今，擺在眼前的是一條新的道路，讓人嚮往，又讓人憂慮。他的妻子問道：「詹姆斯，你有把握嗎？你能勝任嗎？」生性老實、個性純樸的詹姆斯吞吞吐吐地回答：「不知道啊，就這樣幹下去吧，我會盡力把每個顧客的頭髮都理好。他們很信任我，我想大家會支援我的。」

詹姆斯說的沒錯。他的理髮店開張以後，很多老顧客跟隨他轉移理髮地點，開始光顧街道拐角處那家不起眼的理髮店。要是以前，這種破破爛爛的小店，那些顧客是看也不會看一眼的。但是現在，他們卻趨之若鶩。理由很簡單，這裡面有一位很好的理髮師。

人們很喜歡他。不僅因為詹姆斯能把頭髮剪出最好的效果，而且還能讓每一個顧客都享受快樂。詹姆斯對待顧客就像對待自己尊敬的上帝。他會細細地詢問顧客想要的效果，總是根據顧客的年齡、長相、膚色、職業、喜好等，提出合理的建議。理髮的時候，詹姆斯始終面帶微笑，回應顧客提出的每一個要求。

如果能有一個好髮型和一份好心情，在路上花點時間、光顧不起眼的小店又有什麼關係呢？顧客們不僅自己惠顧，而且還紛紛向自己的親朋好友推薦詹姆斯。

其實，不用顧客們多說什麼話，他們好看的髮型和從理髮店回來後的快樂神情就能感染家人和朋友。久而久之，詹姆斯的理髮店名聲大振，成為首屈一指的理髮店。

詹姆斯還招收了一批小學徒，每次教授手藝的時候，詹姆斯總是不忘說這樣一句話：記住，每一刀剪下去都要專注、都要負責任。

無論事情大小、無論職業貴賤，每一件事都值得我們去做，而且應該用心地去做。工作的品質會決定你人生的品質，因此，做好手頭的每一件事，成功或許就會被你挖掘出來，哪怕這份工作是打掃衛生還是洗馬桶。

## 二、洗馬桶的故事

羅浮宮裡收藏著莫內的一幅畫，描繪的是女修道院廚房裡的情景。畫面上正在工作的不是平凡人，而是天使；一個正在架水壺燒水，一個正優雅地提起水桶，另外一個穿著廚衣，伸手去拿盤子。

即使日常生活中最平凡的事，也值得天使們全神貫注地去做。即使是看來卑微、低人一等的工作，也值得我們認真對待，努力將它做好。

美國和日本都流傳著一個相似的故事。

美國故事中的主角是一位年輕小夥子。畢業以後，他的第一份工作是在酒店裡當服務員。新人受訓期間，他竟被安排去洗馬桶，而且還要求洗得光潔如新。

這與想像中的工作相差太遠了！對這位憧憬美好未來的年輕人來說，這無異於當頭棒喝。洗馬桶，不僅在視覺、嗅覺上難以接受，內心的那種屈辱更是不堪忍受。當他拿起抹布伸向馬桶時，本能反應就是作嘔。這份工作讓他覺得每天都像活在地獄裡，痛苦不堪。

小夥子心灰意冷了。他一蹶不振，不知道該如何選擇：繼續做下去呢，就還得忍受這種「非人」的折磨；若是就此退縮，卻又不甘心這麼離開工作。

在此關鍵時刻，一位前輩出現在他面前，幫他邁出了人生的第一步。從此，這個年輕人認清了人生路應該怎麼走。

你知道小夥子的前輩是怎麼做的嗎？她並沒有用空洞的理論說教，而是身體力行，專注地一遍遍擦洗馬桶，直到抹洗得光潔如新，然後從馬桶裡舀了一杯水，一飲而盡！她飲水的動作非常自然，沒有任何勉強。臨走前，這位前輩還意味深長的一笑，送給小夥子一束鼓勵的目光。

實際行動勝過千言萬語！從此，他如同脫胎換骨，洗馬桶時專心致志，將每一隻馬桶都擦洗得光潔如新。他不再怨天尤人，覺得這是無法體現自己價值的工作；也不再茫然無措，明白了做好手頭的事才是最重要的。而且，為了檢驗自己的工作品質，他也多次喝過馬桶水。

「就算一輩子洗馬桶，也要做一名洗馬桶最出色的人！」昔日的小夥子幾十年後成了世界旅館業大王，他的連鎖旅館遍佈全球。這個人就是康拉德・希爾頓，享譽全球的希爾頓帝國創始人。

洗馬桶時的專注和負責成就的不止是希爾頓。在日本，故事主角是一位年輕女士，名字叫做野田聖子，出社會的第一份工作也是洗廁工。同樣的，野田聖子經歷了難以忍受的洗廁過程；她也明白了做好手頭的事有多麼重要。所以，多年後，野田聖子當上了日本的郵政大臣。

誠如洗馬桶這樣的事，只要你用心去做，也能從中學到事業和生活的真諦：成功，關鍵就在於專注。當你專注於眼前的事時，這件事就會變得充滿樂趣，你就能感受到工作的快樂和生活的幸福。別人不願做的事，你做了；別人堅持不了的事，你堅持了；那麼，別人做不到的事，你就能做到。在默默專注於手頭的事時，奇蹟就會這樣產生。

「即便是洗馬桶，也能做個洗馬桶最出色的人！」讓這句話成為你的座右銘，讓希爾頓和野田聖子的故事激勵自己吧。一個人對待工作的態度決定了他對待人生的態度，而人生態度則決定了他一生的成就。如果手頭的每一件事，你都能用心去做好，那麼其中孕育的機會，你都將不再錯過！

## 三、只做一種語言

「眾裡尋她千百度，驀然回首，那人卻在燈火闌珊處。」這闕詞道出了「百度」這個名字的出處，也道出了李彥宏認為百度公司不可能被打敗的原因：只做一種語言，只專注於中文。

身為全球最大的中文搜索引擎和全球十大網站之一，大陸幾大門戶網站如sina、sohu、二六三等，都是百度搜索引擎的客戶。在中文搜索引擎領域，百度佔據了半壁江山，今年其市佔率甚至超過了全球使用最頻繁的網上搜尋引擎Google。

當有人問他為何能做得比google好時，百度的創始人李彥宏脫口而出：「因為我們專注。雖然google也專注，但他的搜索引擎做一百多種語言，而我們只做一種。雖然google比我們錢多，但從來沒有一家搜索引擎會因為錢多才做好的。都是因為他專注，他去做這一件事情，所以他成功了。」

就像有位著名的將軍曾經說的：「在很多重要的戰役中，成敗的關鍵在於，一方是全身心地投入，而另一方卻不夠專心致志。」商戰也是如此。「只做一種語言、只專注於漢語」成就了百度。二〇〇〇年三月成立的百度公司，今年在美國那斯達克股票市場正式掛牌上市時，股價狂漲三五〇％。這個成績，不僅使百度成了中國在那斯達克上市公司中市值最大的公司，而且也是惟一股價超過一百美元的公司。

諸葛亮曾說：「非寧靜無以致遠。」百度的例子讓我們相信，非專注無以致遠。只有憑著一份專注，專注於眼前的事，專注於自己的目標，無論是個人還是企業，才可能越走越遠。

「成功的奧妙在於你將所有精力、所有思想集中投入到你所從事的一件事情。」卡耐基的這句話不僅是百度成功最好的詮釋，也是我們必須抱持的態度。

## 第二節 讓自己成為雷射光

「一個志在大有成就的人，他必須如歌德所說，知道限制自己。反之，那些什麼事情都想做的人，其實什麼事情都不能做，最終歸於失敗。他必須專注於一事，不可分散他的精力於多方面。」

這是黑格爾關於治學的一段論述。無論是治學、生活，還是工作，這段話都是非常有用的訓誡，切中做事的關鍵。

能改變歷史的偉人，都離不開對生命、對事業的專注。耶穌的門徒聖保羅幾乎獨自一人改變了整個羅馬帝國的信仰，他成功的秘訣是什麼呢？如他所說：「我將我所有的精力專注在一件事上，就是忘記背後，努力面前。」

集中全力，將手頭的事做好有那麼大的威力嗎？舉個例子，分散的陽光只能讓人們感到暖意或熱意，透過放大鏡凝聚到一點的陽光卻能讓紙燃燒起來；而當光被凝聚成雷射光時，連鋼鐵都無法抵擋其鋒芒，或被其穿透，或被其切斷。而我們的注意力就像是陽光，只有集中到一件事上，而且絕不放棄，我們才能一步一步地改變眼前的生活，改變我們的人生、高奏成功的凱歌。

## 一、造劍的人

大司馬是楚國的官員，職位相當於後世的兵部尚書。既然統管兵部，手下自然有不少製造武器的工匠。其中一位專為他造劍的師傅，儘管已有八十多歲的高齡，但打出的劍依然鋒利無比、光芒照人，其他的工匠根本無法與之相比。

大司馬很好奇。「您老人家年事已高，劍仍舊造得這麼好，是不是有什麼竅門？」他邊讚歎老匠人高超的技藝，邊不解地問道。

憨厚的老工匠聽了大司馬的誇獎，心中便有些不自在，臉都有些紅了起來。他告訴大司馬，說：「我造了一輩子劍，在二十歲的時候就喜歡造劍。除了劍，其他東西都被我視若無物。任何東西，只要不是劍我就從不去細看。這一晃就過了六十餘年。」

大司馬聽了老工匠的自白，更是欽佩他的獻身精神。雖然他沒有談造劍的竅門，但揭示了一條通向成功的道路。

老工匠幾十年如一日，專注於造劍技藝。每造一柄劍，他必全神貫注，劍柄多長、多寬，如何才能乘手，劍刃傾斜多少角度，這些事他都會一一仔細考慮。哪怕是劍上的一個細紋，他也絕不輕易放過。執著的追求和專注使他掌握了造劍工藝，進而達到一種高妙的境界。有了這樣的精神，哪有劍造出來不是又鋒利又光亮的道理？

精湛的技藝、豐碩的收穫、事業的成功，哪一樣不需要造劍師傅這種專心致志呢？一旦你的眼裡掉進了沙子，摻雜了其他事物，眼界就會受到蒙蔽，原本能達到的成功境界或許會離你越來越遠。

## 二、梓慶製鐻

梓慶是古代一位著名的木匠，擅長砍削木頭製造一種樂器。這種樂器在那個時代被人們稱作鐻。

梓慶做的鐻，看到的人都驚歎不已，認為是鬼斧神工。魯國的君王聞聽此事後，召見梓慶問：「你是用什麼方法製成鐻的？」

「我是個工匠，談不上什麼技法。」梓慶回答說：「我只有體會，在做鐻時，從來不分心，而且實行齋戒，潔身自好，摒除雜念。齋戒到第三天，不敢想到慶功、封官、俸祿；第五天，不把別人對自己的非議、褒貶放在心上；第七天，我已經進入了忘我的境界。此時，心中早已不存在晉見君主的奢望，給朝廷制鐻，既不希求賞賜，也不懼怕懲罰。」

在把外界的干擾全部排除之後，梓慶進入山林中，觀察樹木的質地，精心選取自然形態合乎制鐻的材料，直至成竹在胸，這個時候才開始動手加工製作。

「否則，我不會去做！」梓慶向魯王詳細介紹製鐻過程後，繼續說，「我把自己的天性和木材的天性相結合，我的鐻製成後之所以能被人譽為鬼斧神工，大概就是這個緣故。」

蒸汽機的發明者瓦特也是撇開其他事情，一心在蒸汽機上，因而對工業文明產生了不可估量的影響。瓦特曾在信中告訴朋友：「除了這台發動機之外，我對任何別的事情都可以不加考慮。」

摒除雜念、保持精神的專注非常重要。一旦心中除了手頭之事外還關心其他雜務，非但眼前的事做不好，也不可能實現長遠的目標。

## 三、心急吃不了熱豆腐

小鳥築巢時，每次只能銜來一根樹枝或一片葉子，將它放在其他樹枝或葉子上面。有時候，小鳥還會啄來啄去，將樹枝或葉子的位置和高低調整一番。看著牠，你會發現，小鳥在築巢的時候非常專心，一點都不會心浮氣躁，要是牠銜來的東西不適用，牠也不會濫竽充數，而是會重新去找一個適用的來。

小鳥將每一樣材料都安置妥當，如此巢才堅固，方能抵擋風雨。小鳥築巢的材料如同我們手頭的事，只有將它妥妥貼貼地安排好，最終的結果才可能如你所願。

有個年輕人準備到少林寺向師父拜師學藝，練好武功之後替父親報仇，因為他父親無端端地被盜匪殺死了。

年輕人到了少林寺，找到主持方丈，問道：「請問師父，我要練多久，才能出師？」

「大概五年吧！」師父說。

「啊，這麼久啊？」年輕人急切地問：「假如我比其他弟子更加倍努力，是不是可以提早學成武功呢？」

「這樣子的話，你大概需要十年！」師父說。

「什麼？十年？那如果我再加倍、加倍地努力學習呢？」

「二十年吧！」師父淡淡地回答。

年輕人愈聽愈糊塗了，說：「師父，怎麼我愈努力加倍練習，學成武功的時間就更加倍呢？」

「因為，當你的一隻眼睛一直盯著結果看時，你只剩下一隻眼睛可以專注於練習了！」

沒錯，好高騖遠、分散專注正是成功的大忌！這就像雅典奧運冠軍、大陸選手陳豔青所說的：「我們體育就是一步一步來，先把眼前的做好。我先把訓練做好，之後去比賽，小比賽比好，再挑戰大比賽，一步一步吃下來。至於以後，我也這樣想，你把每一件事情做好了，它自然而然會給你製造條件的。」

正所謂心急吃不了熱豆腐，做什麼都得是一步一步的來。如果一心只注重結果，目標會離你越來越遠。只有將精力集中到自己正在做的事情上面，努力將它完成，但知所謂功，不知所謂效，而效徐徐來。

## 第三節 這一步就是整個人生

人的一生或許很長，但其實也很短。因為一個人永遠只能活在「現在」，也只有此刻、只有現時才完全屬於我們。除了「現在」，其他的你都無法把握。其實，未來也只不過是一種即將到來的「現在」。有一點可以肯定，在未來到來之前，人是無法生活於未來之中的。

也正因如此，人的一生能做的就只有一件事，惟有做好眼前的事，才能把握「現在」，讓「現在」成為永恆。

集中精神，專心處理眼前的事，那麼未來的問題，才可能一步一步得到解決。因為未來會變成現在。過好現在，也就是擁抱未來。

《勸學》中說：「不積跬步，無以至千里；不積小流，無以成江海。」曾國藩也指出：「是故君子用功也，如雞伏卵不舍，而生氣漸充；如燕築巢不息，而結構漸牢；如有本之泉，不舍晝夜，盈科而後進。」雖然他們說的都是學習，但無論是學習、生活還是工作、愛情，這些道理都是相通的。

## 一、改變一隻海星的命運

有個土著在沙灘上拾起一些海星，又一個一個地往海裡扔。

有人問他：「我不明白你在幹什麼。」

那土著說：「我在把這些海星拋回海裡。你看，現在正是退潮，海灘上這些海星全是給潮水沖到岸上的，很快這些海星就會因缺氧而死了！」

「我明白。不過這海灘上有數不盡的海星，成千上萬的，你有能力把牠們全部送回大海嗎？」

那人微笑著，說：「但我至少改變了一隻海星的命運啊！」

問話的人恍然大悟。沒錯，我們不可能一下子就實現所有美好的願望，但可以從現在做起，一點一滴地改變和累積。我們完全可以先把手頭的事做好，先把身邊的事做好，先把今天的事做好。因為明天會變成今天，未來會成為現在。

每一步都是整個人生，惟有此刻才是永恆。就像母親叮囑孩子走路：「不要東張西望的，看好腳下的路。」走不好就會摔跤，有時拍拍塵土，站起來就沒事，有時卻可能永遠無法邁出第二步。每一步都認真走好，我們的路才能一直走下去。

有個公益廣告，講的是亂扔垃圾的不道德行為。廣告中的優雅女子正在吃香蕉，吃完後隨手就扔在地上。女子抬頭挺胸，走得婀娜多姿，享受眾人豔羨的目光。誰知就在此時，女子腳下一滑，摔了個四腳朝天。憤怒的她張口就想罵，哪知低頭一看，罪魁禍首卻是自己亂扔在地上的香蕉皮。扔垃圾這樣的小事，或許多數人都並不在意，更不會想將它做好。然而，也正是這樣的小事，或許就會在你往後的路上為你製造麻煩，讓你不時跌跤。

做好手頭的事，哪怕它有多小，它也可能會為我們帶來生命的陽光。就連握手這樣的小事，也成就了玫琳凱的強大美容王國。因為當創始人瑪麗·凱女士在同每個人握手時，她總是全神貫注，不允許任何事情分散她的注意力。而這樣的專注，讓同她握手的人覺得自己是世界上最重要的人。「你怎麼對待別人，別人就會怎麼對待你。」由此，她贏得了無數客戶和人們的尊重與信任。

## 二、愛情的奇蹟

簡單的事重複做，不但能夠創造成功，而且還能創造奇蹟。默默地做好手頭的事，聚沙成塔，集腋成裘，在那樣的堅持、專注和等待中，奇蹟就會降臨。工作如此，愛情也不例外。

提起愛情的奇蹟，我想很多人都在電視劇中看到過。專一的愛情能將兩個相隔萬里的戀人的心連在一起，甚至還能心靈相通；專一的愛情能讓瀕臨死亡的戀人重獲健康，從此美滿一生。

不過，下面的這個故事卻不是煽情的電視劇場景，而是一個真實的故事。不離不棄的妻子用自己的愛，日復一日的照顧，喚醒了變成植物人的丈夫。

厄運從天而降，外出打工的丈夫突然墜樓成了一名沒有知覺、沒有記憶，甚至連動也無法動、需要人時刻照顧的植物人。

醫生對他採取了熱敷、電療、冰療等多種物理療刺激治療，可是持續了很長一段時間，還是不見他有任何好轉的跡象。醫生們失望了，他們放棄了治療，只是每天為他打點滴，維持他那毫無知覺的生命。

然而，面對一輩子都可能醒不來的丈夫，年輕的妻子並沒有「大難臨頭各自飛」，而始終不離不棄：「只要他還有一口氣，我就要想方法救他，畢竟他是我心愛的男人……」

為了讓毫無知覺的丈夫從「沈睡」中醒來，妻子嘗試了各種刺激丈夫、喚醒丈夫的方法。她一再講述丈夫熟悉的事物，開心和不開心的往事，講述他們可愛的兒子；她用冷水給他擦洗身子；用辣椒刺激他的味覺和嗅覺；拿著鏡子將窗外耀眼的陽光反射到他的眼皮上，以刺激視覺；用手指撫摩丈夫身體的敏感部位，刺激其旁邊的肌肉……儘管丈夫一直像根「木頭」沒有反應，醫生也都放棄了努力，可妻子卻不厭其煩，從來沒有停止努力……

奇蹟發生了，丈夫醒了，會說話了，也終於記起了一些簡單的事！先進的醫療手段和器械未能喚醒沈睡的丈夫，而妻子日復一日的小小舉動卻終於產生了奇蹟。這是愛情的奇蹟，也是專注的奇蹟。

簡單的事專注做，世界都會為你感動！

# 第四章

# 如何做好一件事

善良的主人公機緣巧合，得到了武林前輩的武功秘笈，從而練成了絕世武功。幾乎所有的武俠小說都有這樣的情節。更巧合的是，幾乎所有收藏秘笈的地點都屬於隱秘之所，或是山谷、山洞，或是懸崖峭壁。難道這都是巧合嗎？其實，說明白了，是因為隱秘的環境荒無人煙，能讓人摒除雜念，將全部的精力都集中在練好武功這件事上。

那麼，怎樣才能做到專注，進而做好眼前的事呢？我們不可能找到世外桃源，不可能借助環境的幽靜來達到這個目的。不過，古人曾說：「小隱隱於山，大隱隱於市。」一心的安靜能造就世外桃源，做到不為外物所動，專心做好手頭的事。

## 第一節 沒有目標的專注等於零

你有目標嗎？你的目標是什麼？這些目標具體嗎？

如果這些問題你回答不上來，那麼你就不一定能成功。

十九世紀美國哲學家、詩人愛默生說：「一心向著自己目標前進的人，整個世界都會給他讓路！」

很多人一生庸碌無為，不知道自己想要什麼、想追求什麼。他們的生活沒有重點、沒有方向，就像浮萍一樣隨波逐流，漂到哪兒算哪兒。他們從來不會專注地做一件事情，因為他們沒有目標，不知道應該做什麼，而總是根據自己一時的興趣和心情選擇，結果既沒有揀到芝麻，也沒有拾到西瓜。

沒有目標，我們就不可能制定做事的計劃，就會失去方向感，像在海上航行沒有得到燈塔的指引，不知道該前往何方；沒有目標，任何的努力和才能都是白費，更談不上什麼專心致志、鬥志昂揚；沒有目標，我們就會喪失對生活的熱情和希望，無法瞭解生存的價值和意義。

任何一個沒有目標的人，他做事永遠都缺少動力，因為激情就來自於我們對實現目標的渴求。無論手頭做什麼事，只要目標明確，我們就能一心一意、鍥而不捨，將有限的精力集中在一個確定的目標上，堅韌不拔，以持久的熱情一步一步去實現它。

哈佛大學曾對一群智力、學歷、環境等客觀條件都差不多的年輕人，做過一個長達二十五年的追蹤調查，調查內容為「目標對人生的影響」，結果發現：

二七%的人，沒有目標；

六〇%的人，目標模糊；

一〇%的人，有清晰但比較短期的目標；

三%的人，有清晰且長期的目標。

二十五年後，這些調查對象的生活狀況如下：

三%有清晰且長遠目標的人，二十五年來幾乎都不曾更改過自己的人生目標，並為實現目標不懈的努力；二十五年後，他們幾乎都成了社會各界頂尖的成功人士，其中不乏白手起家者、行業領袖和社會精英。

一〇%有清晰的短期目標者，大都生活在社會的中上層；他們的共同特徵是：那些短期目標不斷得以實現，生活水平穩步上升，成為各行各業不可或缺的專業人士，如醫生、律師、工程師、高級主管等。

六〇％目標模糊的人，幾乎都生活在社會的中下層面，能安穩地工作與生活，但都沒有什麼特別的成績。

餘下那些二七％沒有目標的人，幾乎都生活在社會的最底層，生活狀況很不如意，經常處於失業狀態，靠社會救濟，並且時常抱怨他人、社會和整個世界。

美國一個研究成功學的機構也曾經做過類似的一項長期追蹤研究，研究對象是一百位年輕人。該研究顯示：到這些年輕人六十五歲的時候，只有一個人非常富有，五個人晚年有經濟保障，其他九十四個人情況都不算好，可以說是失敗者。這九十四個人之所以晚年拮据，並非年輕時不夠努力，其主要原因都在於沒有設定清晰的目標。

這兩項研究都表明，目標是人們行動的依據、成功的要素。沒有目標，就如同盲目航行的船，任何方向的風都成了逆風，又怎麼談得上朝著一個方向發展並取得成就呢？

如果你不確立自己的目標，你就沒有可為之專注奮鬥的對象，你也就無法勇往直前，而是會謹小慎微地裹足不前。所以，很多人才會像這兩項研究中那些沒有目標的人一樣，終生都像是夢遊者，漫無目標地遊蕩，到了老年依然一事無成。

## 一、沒有目標的專注等於零

唐太宗貞觀年間，長安城西的一家磨坊裡，有一匹馬和一頭驢子。牠們是好朋友，馬在外面拉東西，驢子在屋裡推磨。貞觀三年，這匹馬被玄奘大師選中，出發經西域前往印度取經。

十七年後，這匹馬馱著佛經回到長安。牠重回磨坊會見自己的驢子朋友。會面自然相見甚歡，老馬談起了這次旅途的經歷：浩瀚無邊的沙漠，高入雲霄的山嶺，凌峰的冰雪，熱海的波瀾……那些神話般的境界，使驢子聽了極為驚異。

驢子不由得驚歎道：「你有多麼豐富的見聞啊！那麼遙遠的道路，我連想都不敢想。」

老馬說：「其實，我們走過的距離大體是相等的。當我向西域前行的時候，你一步也沒停止。不同的是，我同玄奘大師有一個遙遠的目標，按照始終如一的方向前進，所以我們打開了一個廣闊的世界。而你被蒙住了眼睛，一生就圍著磨盤打轉，所以永遠也走不出這個狹隘的天地。」

傑出人士與平庸之輩最根本的差別，並不在於天賦，不在於機遇，也不在於專注，而在於這種專注有沒有目標！就像那匹老馬與驢子，當老馬始終如一地向西天前進時，驢子卻是始終如一圍著磨盤打轉。儘管驢子一生所跨出的步子與老馬相差無幾，牠也總是專心地邁著自己的步伐，但就是因為缺乏目標，它的一生始終走不出那個狹隘的天地。

對於一個沒有目標的人來說，再多的專注也等於零！流逝的歲月，只是意味了年歲的增長。那樣的人雖然專心邁著自己的腳步，可是出腳的方向、出腳的目標到底是什麼，他們從來沒有一個明確的答案。

一個人無論多麼專注，他必須先確立明確的目標。在沒有把事情做好之前，這個目標絕對不能動搖，更不能失去。否則，他的專注就沒有方向，不可能產生效果。

提起弗羅倫絲．查德威克這個名字，或許很多人都不陌生。因為她是第一個渡過英吉利海峽的女人。

在弗羅倫絲成功橫渡英吉利海峽之後，她又為自己設定了一個新的挑戰目標——橫渡寬達二十一英里的卡塔林納海峽！

一九五二年七月四號早晨，濃濃的大霧籠罩著整個海岸，寒冷的天氣讓海水冰冷徹骨。這些都沒有難倒弗羅倫絲，她勇敢地跳入海中，往對岸游去。

一個小時又一個小時過去了。她堅持著，沒有放棄，就連鯊魚都沒能迫使她坐上護送船。千千萬萬的人透過電視直播凝視著她，一英里一英里地靠近彼岸。

距離只剩下不到半英里了。可是，觀眾們發現，弗羅倫絲突然出現在護送船隻上。她放棄了！儘管在放棄之前，教練和她的母親都一直給她鼓勵，讓她堅持下去。然而，她還是選擇了放棄！

很多人扼腕歎息。在得知自己距離目的地有多近的時候，她也不由得懊悔萬分。事後，一位記者走過來採訪她：「妳為什麼不游了呢？」

「因為我看不到岸，我看到的只有霧。」

此時此刻，弗羅倫絲認識到，追求成功的最重要一點就是永遠看著它。失去了目標，也就意味著失去了動力和激情。無論你的眼中能不能看到目標，你的心必須看到它。

事實證明確實如此。

儘管當弗羅倫絲再次挑戰時，天氣一樣寒冷，海面依然霧氣騰騰，但這次，她成功渡過了卡塔林納海峽。

她成了第一個渡過卡塔林納海峽的女人，而且比男子的記錄還提前了兩個小時。

假如一個人沒有目標，無論他是之前就沒有，還是在行動的過程中突然失去了它，就像折了帆的船，突然失去了動力和熱情。沒有了動力和熱情，事情就沒有做好的可能。惟有心中目標明確，我們才能順利到達成功的彼岸。

## 二、兩隻螞蟻

院子裡有一堵斷牆，牆的這面有一隻螞蟻在尋找食物，而牆的背面就有螞蟻急需的可口佳餚。

這隻螞蟻沿著牆往上爬，想翻過牆去品嘗美味食物。但剛爬到一半時，牠就氣力不繼，「啪嗒」一聲從牆上摔落下來。這隻螞蟻爬起來，拍拍灰塵，又繼續往上爬，爬到一半時，又從牆上掉下來。但牠依然毫不氣餒，又繼續往上爬，三次、四次、五次……結果可想而知，牠依然沒能品嘗到美味。

另一隻螞蟻也聞到了食物的香味。一開始，這隻螞蟻同樣經歷了失敗的過程，不過，在摔落幾次後，這隻螞蟻沒有繼續往上爬，而是東爬爬、西瞧瞧，最後沿著牆角爬到牆的背面，品嘗到了美味的食物。

同樣的院子，同樣的一堵牆，食物同樣放在牆的另一邊。兩隻螞蟻也都非常努力，一心一意地想吃到那些美食。但是，為什麼第一隻螞蟻失敗了，而第二隻螞蟻卻成功了呢？因為，第一隻雖然非常專注，努力想獲得成功，但由於目標的方向不正確，終使牠離成功相差幾步。第二隻螞蟻最初數番努力，但同樣徒勞無益後，牠沒有一直繼續做無用之功，而是透過觀察，進而調整方向，最終獲得成功。

我們的生活中也有很多人就像這兩隻螞蟻，前者整天辛勤勞作，卻是「做一天和尚撞一天鐘」，沒有為自己設立任何奮鬥方向或目標。他們默默工作了幾十年甚至一生，依然沒能取得自己想要的成就。為什麼呢？因為他們根本不知道自己想要的成就是什麼！他們的情形，可以說是「碌碌無為，無益而終」，用英文則可以說：「Work smartly don't work hardly。（要聰明地做事，而不是努力地做事）」

而後者每做一件事都是為了實現自己的目標，每一步都是為了離它越來越近。他們深知，並非每一件事都可以實現目標，所以在做事的時候要學會判斷，聰明地做事，使手頭的事成為實現目標的一部分。這樣一來，將手頭的事做好，目標就會更近一些。

## 三、常立志等於未立志

「瞧這兒，」一個農場主對他新來的幫手傑羅克說，「你這種犁法是不行的，你都犁歪了，在這樣彎曲的犁溝中，玉米會長得很混亂。你應該讓你的眼睛盯住田地那邊的某樣東西，然後以它為目標，朝牠前進。大門旁邊的那頭乳牛正好對著我們，現在把你的犁插入土地中，然後對準牠，你就能犁出一條筆直的犁溝了。」

「好的，先生。」

十分鐘後，當農場主回來時，他看見犁痕彎彎曲曲地遍佈整個田野。

「停住！停在那兒！」

「先生，」傑羅克說，「我絕對是按照你告訴我的話做的。我筆直地朝那頭乳牛走去，可是牠卻老是在動。」

有句古話叫做「有志者立常志，無志者常立志」，因為常常立志，所以沒有一個志向能夠達到。放大鏡彙聚了光線，想在紙上燒出一個洞來。可是它彙聚之後的那個光點卻總是在紙上移來移去，總是不固定在一個地方。因此，雖然光線是集中了，可是因為目標總是在變動，紙永遠也不可能被燒出一個洞。

很多人也常常會犯這樣的錯誤。他們會給自己制定明確的目標，但今天是這樣的目標，明天又換成了那樣的目標。他們也很專注，今天全部朝著這個目標前進；而明天，又全部朝著那個目標前進；後天，或許又換了另外一個方向。於是，他們不得不在這個目標和那個目標之間疲於奔命。雖然說起來他們有明確的目標，但其實，這是一種沒有目的、欠缺考慮、而且非常笨拙的工作方法。這種行事方法除了招致失敗以外，還能帶來什麼呢？

我們可以想像一下：小A雖然只有一種技能，但他把自己所有的力量都集中於一個毫不動搖的目標之上；而小B非常有頭腦，但他總是把自己的精力分散開來，而且從不知接下來該做什麼。我們可以這樣斷言：小A將取得更多的成就，而小B或許會一事無成。

沒有任何東西可以代替一個專注的目的，教育不能，天分不能，才智不能，勤奮不能，意志的力量也不能。假如你的人生沒有一個專一的目標，那麼無論你做事多麼努力、多麼勤奮、多麼專注，仍注定是失敗的。

## 第二節

# 讓熱情點燃你的專注

日復一日的工作是否讓你覺得每一天都相差無幾，沒有任何新鮮感，更談不上什麼進步。因為無聊和沒勁，你常常會分心，沒辦法專心做手頭的事，而且做事的效率也大大降低。

假如生活或工作是一團火，那麼熱情就是柴。沒有了柴，火勢怎麼也無法旺起來，無論是燒水還是煮東西，或者是取暖，做任何的事，它都達成不了目的。

沒有熱情，我們就無法集中全力，無法將自己的全部身心都投入進去。專心能讓洗馬桶的希爾頓成就他的飯店帝國，但假如沒有熱情，他又怎麼可能將它做到最好，更不用說以後成就大業了。

不相信嗎？不如看看下面的這個故事吧。

拿破侖．希爾有位朋友是一家工廠某個部門的經理。他的職務很輕鬆，後來工廠擴大業務，他的責任加大了。但是因為他已經服務十年了，覺得自己大可以輕輕鬆鬆地工作，安心地待著，不必像新進員工那樣熱情和專注。

然而，他慢慢地發現，他工作的能力開始衰退了。他的工作令他覺得心煩，而且好像還得了「健忘症」，變得心不在焉，記不住任何事情。他會忘記處理信件，直至桌上的信堆積如山；他會忘記處理報告，直到成堆的報告積壓，使部屬的工作開展大為困難。在接聽電話的時候，他常常答非所問，讓客戶怒氣衝衝。雖然，他的人是坐在辦公室裡，心卻不知道在什麼地方。

對工作失去熱情的他，甚至忘了參加一個很重要的主管會議；他的下屬還發現在估計貨物時，他犯了一個很嚴重的錯誤……原本覺得可以讓自己安心的工作，現在卻成了催命符，就連個人的生活，也搞得一團糟。

沒有熱情，就無所謂專注。著名的成功學勵志專家拿破命・希爾曾把專注比作是事業成功的神奇之鑰，可是沒有熱情，這把神奇之鑰就無法鑄成。熱情就像是一種催化劑，它能夠把你全身的每一個細胞都調動起來，全面催化你的反應，讓你一心一意地做好手上的事。著名音樂家韓德爾年幼時，家人不准他碰樂器，哪怕是學習一個音符。但這一切又有什麼用呢？他半夜悄悄地跑到閣樓去彈鋼琴。莫札特孩提時，便將他的全部身心都融化在音樂之中。巴哈年幼時只能在月光底下抄寫樂譜，連點一支蠟燭的要求也被蠻橫地拒絕了。當那些手抄的資料被沒收後，他依然沒有灰心喪氣。同樣地，皮鞭和責罰反而使兒童時代充滿熱忱的奧利・布林更專注地投入到他的小提琴曲中。

其實，無論是哪個行業的人，是作家、推銷員、保險代理人、企業家，還是律師、醫生，也無論他們是來自什麼種族、地區或時代，每一個獲得成功的人，無不以熱情鑄就自己人生的神奇之鑰。

## 一、三個石匠

有三個石匠在一塊石頭上錘錘打打。有人問他們：「你們在幹什麼？」

第一個石匠沒好氣地說：「沒看見嗎？我在鑿石頭，鑿完之後我就可以回家了。」

第二個石匠抬頭笑了笑：「我正在做一尊雕像。雖然工作很辛苦，但我有家庭要負擔，我的家人需要溫飽。」

第三個石匠邊工作邊哼著歌曲，臉上堆滿了燦爛的笑容。他說：「啊，我正在雕世界上最偉大的雕像。這將是一件無與倫比的藝術品。」

十年以後，第一個石匠還在繼續鑿著石頭，成天愁眉苦臉；第二個石匠開了家小店，專門給有錢人家雕墓地前的石像；第三個石匠成了遠近聞名的雕刻大師，他的作品甚至遠渡重洋，流傳到各國他方。

沒有對工作的熱情，手頭的事於你而言或是一種懲罰，就像第一個石匠；或者是一種負擔，就像是第二個石匠。只有當你以熱情灌注於工作之上，你才可能專心，這件事情也才會成為樂趣，為你帶來成績和回報。就像洛克菲勒說的：「如果你視工作為一種樂趣，人生就是天堂；如果你視工作為一種義務，人生就是地獄。」

## 二、機械工業奇蹟的誕生

美國紐約著名的布魯克林大橋是個道道地地的機械工程奇蹟。

一八八三年，富有創造精神的工程師約翰．羅布林雄心勃勃地著手這座雄偉大橋的設計。然而，橋梁專家們卻紛紛勸他，要他趁早放棄這個計劃。因為在他們看來，這無異於是一個天方夜譚。好在羅布林的兒子華盛頓．羅布林也是一個很有前途的工程師，他也確信大橋可以建成。

父子倆日以繼夜地構思著建橋的合理方案，琢磨著如何克服種種困難和障礙。他們設法說服了銀行家為該專案投資。之後，他們懷著無比旺盛的熱情和精力，組織工程隊，開始施工建造他們夢想的大橋。

不幸的是，大橋開工僅幾個月，施工現場就發生了災難性的事故。約翰．羅布林在事故中不幸身亡，而華盛頓的大腦也嚴重受傷，無法講話也不能走路。

誰都以為這項工程會因此而泡湯，因為只有羅布林父子才知道如何建成這座大橋。

然而，儘管華盛頓．羅布林喪失了活動和說話的能力，他的思維還和以往一樣敏銳。一天，他躺在病床上，忽然一閃念想出一種能和別人進行交流的密碼。他惟一能動的是一根手指，於是他就用那根手指敲擊他妻子的手臂，透過這種密碼方式，由妻子把他的設計和意圖轉達給仍在建橋的工程師們。

整整十三年，華盛頓．羅布林憑著滿腔的熱情，就這樣用一根手指發號施令，直到雄偉壯觀的布魯克林大橋最終落成。

每個人都明白，事情並不總是能一帆風順，遇到挫折和困難的幾率很大。於是，很多人灰心了、喪氣了，他們覺得眼前的困難如天塹一般，難以逾越。一開始的熱情如熄滅了的火，無法再重新點燃。他們會為自己找種種藉口，說並不是自己不專注，不堅持，而是因為事情真的難以辦成。

垂頭喪氣的人永遠不可能專注。他們滿懷著事情最終要失敗的念頭，又怎能將全部身心投入進去呢？而充滿了熱情的人卻不一樣，他們深知，世界上沒有任何一件事的完成是曠日持久的。他們會不斷地讓熱情激勵自己，直至成功。

## 三、約翰・富勒的成功

約翰・富勒是美國人。小時候，他家很貧窮。富勒家中共有七個兄弟姐妹，他從五歲開始工作，九歲時會趕騾子。

他有一位了不起的母親，經常和兒子談到自己的夢想：「我們不應該這麼窮，不要說貧窮是上帝的旨意。我們很窮，那是因為我們從未有過改變貧窮的欲望，我們每個人都胸無大志。」

這些話深植富勒的心，他一心想躋身於富人之列，開始努力追求財富。十多年後，富勒接手一家被拍賣的公司，並且還陸續收購了七家公司。談及成功的秘訣，富勒還是用多年前母親的話回答：「我們不應該這麼窮，不要說貧窮是上帝的旨意。我們很窮，那是因為我們從未有過改變貧窮的欲望，我們每個人都胸無大志。」

他還在多次受邀演講中說道：「雖然我不能成為富人的後代，但我可以成為富人的祖先。」

富勒之所以成功，就是因為他聽了母親的話，擁有滿腔熱情。他發誓要改變現狀，改變貧窮的家族，成為富人的祖先。

生活中，每個人都曾有過美好的願望，但為什麼很多的願望像肥皂泡似的一個個破滅了……

對此，富勒打比方說：如果你是家具公司的行銷員，有一把椅子市場價一百元，公司卻要求你六百元賣掉，你腦際的想法是什麼？肯定想到的是不可能。但如果現在有一夥綁匪，將你生命中最珍愛的人綁架了，讓你在兩小時之內把椅子以六百元的價格賣掉，否則要對肉票不利，你會不會賣掉？毫無疑問，你不僅想賣掉，而是一定要賣掉，因為你心頭滋生的強烈欲望促發了做事的熱情。

是的，富勒的成功就在於他有火一樣的熱情投身於他最熱望的事業中去。他的強烈欲望激發了他的熱情，他不再是空有願望，而是擁有了火一般的熱情。他的熱情讓他將全部身心都投入到一項事務當中，無論是賣椅子，還是做其他的什麼。熱情讓他不只是想成功，而是一定要成功。

一個人有多少熱情，就能有多少專注。當人們能用熱情點燃自己的專注時，任何困難都不再是難以克服的，所有的挫折、阻撓也都會為你讓路。

## 四、熱情是工作的靈魂

我欣賞滿腔工作熱情的人。熱忱可以藉由分享來複製，它是一項分給別人之後反而會增加的資產。你付出的越多，得到的也會越多。生命中最巨大的獎勵並不是來自財富的累積，而是由熱忱帶來的精神上滿足。

當你興致勃勃地工作，並努力使自己的老闆和顧客滿意時，你所獲得的利益就會增加。在你的言行中加入熱忱，熱忱是一種神奇的要素，吸引具有影響力的人，同時也是成功的基石。

誠實、能幹、友善、忠於職守、樸實——所有這些特徵，對準備在事業上有所作為的年輕人來說，都是不可缺少的，但是更不可或缺的是熱忱——將奮鬥、拼搏看作是人生的快樂和榮耀。

發明家、藝術家、音樂家、詩人、作家、英雄、人類文明的先行者、大企業的創造者——無論他們來自什麼種族、什麼地區，無論在什麼時代——那些引導著人類從野蠻走向文明的人們，無不是充滿熱忱的人。

如果你不能使自己的全部身心都投入到工作中去，你無論做什麼工作，都可能淪為平庸之輩。你無法在人類歷史上留下任何印記，只能在平平淡淡中了卻此生。

熱忱是工作的靈魂，甚至就是生活本身。如果不能從每天的工作中找到樂趣，僅僅是因為要生存才不得不從事工作，僅僅是為了生存才不得不完成職責，這樣的人注定是要失敗的。

他們會錯選了人生的奮鬥目標，在天性所不適合的職業上艱難跋涉，白白浪費著精力。

我們需要某種內在力量的覺醒，這個世界需要我們做最好的工作，我們應當根據自己的興趣把各自的才智發揮出來，根據各人的能力，使它增至原來的十倍、二十倍、一百倍。

從來沒有什麼時候像今天這樣，給滿腔熱情的人提供了如此多的機會！

大自然的秘密注定要由那些準備把生命奉獻給工作的人、那些熱情洋溢地生活的人來揭開。各種新興的事物，等待著那些熱忱而且有耐心的人去開發。各行各業，人類活動的每一個領域，都在呼喚著滿懷熱忱的工筆者。

熱忱是戰勝所有困難的強大力量，它使你保持清醒，使全身所有的神經都處於興奮狀態，去進行你內心渴望的事；它不能容忍任何有礙於實現既定目標的干擾。

沒有熱忱，軍隊就不能打勝仗，雕塑就不會栩栩如生，音樂就不會如此動人，人類就沒有駕馭自然的力量，給人們留下深刻印象的雄偉建築就不會拔地而起，詩歌就不能打動人的心靈，這個世界上也就不會有慷慨無私的愛。

熱忱使人們拔劍而出，為自由而戰；熱忱使大膽的樵夫舉起斧頭，開拓出人類文明的道路；熱忱使彌爾頓和莎士比亞拿起了筆，在樹葉上記下他們燃燒著的思想。

「偉大的創造，」博伊爾說，「離開了熱忱是無法做出的。這也正是一切偉大事物激勵人心之處。離開了熱忱，任何人都算不了什麼；而有了熱忱，任何人都不可以小看。」

熱忱，是取得所有偉大成就的過程中最具活力的因素。它融入了每一項發明、每一幅書畫、每一尊雕塑、每一首偉大的詩、每一部讓世人驚歎的小說或文章當中。

它是一種精神的力量，只有在更高層次的力量中才能昇華出來。在那些被個人感官享受所支配的人身上，你是不會發現這種熱忱的。它的本質就是一種積極向上的力量。

最好的勞動成果總是由頭腦聰明並具有工作熱情的人完成的。在一家大公司裡，那些吊兒郎當的老職員們嘲笑一位年輕同事的工作熱情，因為這個職位低下的年輕人做了許多自己職責範圍以外的工作。然而不久，他就從所有的雇員中被挑選出來，當上了部門經理，進入公司的管理階層，令那些嘲笑他的人瞠目結舌。

成功與其說是取決於人的才能，不如說取決於人的熱忱。

這個世界為那些具有真正使命感和自信心的人大開綠燈，到生命終結的時候，他們依然熱情不減當年。無論出現什麼困難，無論前途看起來是多麼的暗淡，他們總是相信能夠把心目中的理想圖景變成現實。

熱忱，使我們的決心更堅定；熱忱，使我們的意志更堅強！它給思想以力量，促使我們立刻行動，直到把可能變成現實。不要畏懼熱忱，如果有人以半憐憫半輕視的語調把你稱為狂熱分子，那就讓他這麼說吧！

一件事情如果在你看來值得為它付出，如果那是對你的努力的一種挑戰，那麼，就把你能夠發揮的全部熱忱都投入到其中去吧，至於那些指手畫腳的議論，則大可不必理會。笑到最後的人，才笑得最好。成就最多的，從來不是那些半途而廢、冷嘲熱諷、猶豫不決、膽小怕事的人。

一個人要是把他的精力高度集中於他所做的事情（他是如此虔誠地投入其中），是根本沒有功夫去考慮別人的評價的，而世人也終究會承認他的價值。

——摘自亞伯特．哈伯德所著之《自發自動》

## 第三節 專注源於自信

成功、自信、專注，三者息息相關。成功需要人們專注於某一領域，專注於手頭正在做的事；而專注的源頭卻是個人的自信，自信可謂專注的充分必要條件。自信是對自我能力和自我價值的一種肯定。在影響自學的諸要素中，自信是首要因素。有自信，才有成功。

美國作家愛默生曾說過：「自信是成功的第一秘訣。」

美國著名新聞工作者范德比爾特曾說過：「一個充滿自信的人，他的事業總會一帆風順；而沒有信心的人，他可能永遠不會踏進事業的門檻。」

一位猶太哲學家也這樣說過：「自信來源於相信自己比別人更好！」的確，一分自信，一分成功；十分自信，十分成功；百分自信，百分成功。自信的人，使不可能成為可能，使可能成為現實；而不自信的人，卻只會使可能變為不可能。

一位美國教育專家曾做過一個試驗。將一個學習成績較差的班級當作優秀班來對待，而將一個學習優秀班級當作問題班來教。一段時間下來，發現原來成績差距很遠的兩班學生，在總測驗中的平均成績相差無幾。原因就是不明真相的老師以為自己所教的是優秀班，對學生多所鼓勵和期待，而原來的優秀班學生受到老師對他們所持懷疑態度的影響，自信心受到嚴重挫傷，影響學習成績。

大陸福建省龍溪縣伐木工人林鑽琛，多年隱居林場，「生命不息，自學不止」，七十三歲獲得法律專業自考專科畢業證書。「年齡大」沒有成為他不成功的理由；「記憶力差」沒有成為他成功的限制；「體力衰退」更沒有成為他成功的障礙。自信，使林鑽琛老人自學成功。

顯然，自信是成功的首要前提；擁有了自信，你就算成功了一半。自信意識也是一種巨大的力量，指導我們的行動。如果連自己都不能相信，別人的鼓勵又能對自己產生什麼作用？別人的想法永遠不能完全代表自己，你也絕對有權去決定自己是否接受別人的意見，或者是否受到別人的影響……只有「自己」才是生命的重心，也惟有自己給予自己最有力的肯定，才能為開發自己的潛能、實現突破打下堅實的基礎。

相反，缺乏自信卻一直是困擾人們的大問題。

有項針對某大學選修心理學的學生所做的調查，其中有一道問題是：「你個人最感困擾的事是什麼？」調查結果顯示，缺乏自信的人占七五%的比率。可見，畏畏縮縮、深感不安、無能，甚至是懷疑自我能力的人，隨處都是。這類人對於自己是否具有擔負責任的能力深感疑慮，他們也懷疑自己能否抓住有利機會；他們總認為事情不可能順利進行，從而保持著忐忑不安的心態。此外，他們也不相信自己可以擁有心中想要的東西。於是他們往往退而求其次——只要擁有些許成就便覺心滿意足。事實上，世界上有成千上萬的人們正是被這樣的力量所打敗，他們懷著不安的感覺在人生的路途上匍匐前行。然而其中絕大多數人並沒有遭受這種挫敗的必要。

當我們遭遇困難或是挫折的時候，千萬不要害怕或擔心，應該勇敢站起來。如果能把心情朝著明朗的方向轉變，你就會知道，原來擋住前途的牆壁並不怎麼厚；於是，你就會擁有突破這道牆壁的勇氣。逃避和退縮是沒有用的，如果被困難吞噬了，很難想像你將如何打出自己的一片天下！被稱為「經營之神」的松下幸之助，從少年時代就經歷過很多人生苦難。正因為經歷了這麼多磨練，松下幸之助才能成為世界著名的經營者之一，並且樹立起松下公司的地位。

「付出終有回報。」這是一條亙古不變的定律。它已經遠遠超出自信的範疇，提升到哲學層面了。這種回報無論是物質還是精神，最終都會體現在成功定義上。因此，專注的根本動力就是人們對成功的終極想像。用自己對成功的想像來滋養你的強烈欲望，讓你的欲望熱情燃燒，催動你腳踏實地開始行動，持之以恒地努力，堅持不懈地奮鬥，這就是專注精神的永恆魅力。

請記住，付出終有回報，自信一定成功。經常想想自己的長處，並且強化這種優越感，給予自己更多的激勵和肯定，不用跟別人比，只把自己當作不斷超越的目標，百分之百地信任自己，並且在每次達成目標與超越時給予自己以最棒的鼓勵——你就會成為自己理想中的成功者。

成功誕生於那些具備成功意識的人身上，失敗源於那些不自覺地讓自己產生失敗意識的人身上。該給自己建立一個有效的自我激勵體系了，你會得到意想不到的快樂與收穫。

## 一、「V8」的誕生

你知道著名的「V8」型汽車是怎麼來的嗎？

在工業時代，被稱為新工業之父的亨利．福特，年輕時在一家燈具公司當工人，有一天他突發奇想，決定要設計一種新型引擎，妻子很支持他的發明研究熱情，把家裡的舊棚子騰出來，供他試用。福特每天下班回到家裡，就專心致力於引擎的研究工作；在舊棚子裡苦幹了三個寒暑後，這個異想天開的稀奇東西——汽車終於問世了。一八九三年，亨利．福特和他的妻子乘坐一輛沒有馬的馬車，在大街上搖晃著前行，街上的人被這情景嚇得目瞪口呆。從這一天起，這個對整個世界都產生深遠影響的新工業，就在亨利．福特自信的驅動下誕生了。

一段時間過去了，亨利．福特決定製造著名的「V8」型汽車時，他要求工程師們在一個引擎上鑄造八個完整的氣缸。工程師們聽了都直搖頭說「不可能」。但工程師們誰都不願失業，只好照著亨利．福特的命令去做。因為他們認為這是一件不可能的事，所以腦子裡都沒有成功的意識，他們只是例行公事般做著研究工作，沒有激情。六個月過去了，研究毫無進展。於是，福特決定另外挑選幾個對研製「V8」型汽車有信心的人去完成。他堅信，人一旦有了穩操勝券的心理，就有了希望。在這種專注和執著的力量激勵下，他重新挑選了對「V8」充滿信心的幾位工程師。經過反覆研究，忽然間，好像被一股神秘的力量「擊中」，他終於找到了製造V8型汽車的關鍵竅門……從此，世界上又多了一種可能！

是什麼令這V8型汽車從無到有？是什麼令這「不可能」的計劃奇蹟般地成功？這就是自信的無形力量在起作用。

## 二、讓人送命的斷箭

春秋戰國時代，一位父親和他的兒子出征打仗。父親已做了將軍，兒子還只是個馬前卒。又一陣號角吹響，戰鼓雷鳴了，父親莊嚴地托起一個箭囊，其中插著一隻箭。父親鄭重對兒子說：「這是家傳寶箭，配帶身邊，力量無窮，但千萬不可抽出來。」那是一個極其精美的箭囊，厚牛皮打製，鑲著幽幽泛光的銅邊；再看露出的箭尾，一眼便能認定是用上等孔雀羽毛製作的。

兒子喜上眉梢，貪婪地推想箭桿、箭頭的模樣，耳旁彷彿嗖嗖地箭聲掠過，敵方的主帥應聲墜馬而斃。果然，配帶寶箭的兒子英勇非凡，所向披靡。當鳴金收兵的號角吹響時，兒子再也禁不住得勝的豪氣，完全背棄了父親的叮囑，強烈的欲望驅使他「呼」一聲便拔出寶箭，試圖看個究竟。驟然間，他驚呆了——一隻斷箭，箭囊裡裝著一隻折斷的箭。「我一直背著一截斷箭在打仗？」兒子嚇出了一身冷汗，頃刻間失去了支柱，意志轟然坍塌了。

結果不言自明，兒子慘死於亂軍之中。拂開濛濛的硝煙，父親撿起那柄斷箭，沈重地啐一口道：「不相信自己的意志，永遠也做不成將軍。」

是斷箭要了他兒子的命嗎？不然！把勝敗寄託在一隻寶箭上，多麼愚蠢；同樣的，當一個人把生命的核心與把柄交給別人，又是多麼的危險！比如，把希望寄託在兒女身上；把幸福寄託在丈夫身上；把生活保障寄託在公司……

## 三、是乞丐還是推銷員？

紐約的一位商人在大街上看到一個衣衫襤褸的皮鞋推銷員，頓生惻隱之心。他把二十美元鈔票扔到那個推銷員面前的盒子裡，然後準備走開，但他想了一下，又停下來從盒子裡取了一雙鞋，並對賣鞋者說：「你我都是商人，只不過經營的商品不同，你賣的是鞋。」

幾個月後，在一個社交場合，一位穿著整齊的推銷商找到了這位紐約商人，並自我介紹說：「你可能已經不記得我了，但我永遠忘不了你，是你重新給了我自尊和自信。一直以來我覺得自己和乞丐沒什麼兩樣，直到那天你買了我的鞋，並告訴我我是一個商人為止。你的激勵讓我有了自信，也因此讓我全身心投入手頭的事。」

故事中的推銷員一直把自己當成乞丐，不就是因為缺乏自信心嗎？但是紐約商人的一句話，推銷員找到了自尊和自信，埋頭於自己的推銷事業，並開始了全新的生活。

是乞丐還是推銷員？有時，這就是一念之間的事！

## 四、一隻巴掌一樣可以拍響

女孩從小因為小兒麻痹症而「與眾不同」，隨著年齡的增長，她的憂鬱和自卑感越來越重，甚至拒絕所有的人靠近。只有鄰居家那個剩下一隻胳膊的老人成為她的好夥伴。老人是在一場戰爭中失去一隻胳膊的，但是他非常樂觀，女孩很喜歡聽老人講故事。

這天，老人用輪椅推著女孩去附近的一所幼稚園，操場上孩子們動聽的歌聲吸引了他們。一首歌唱完，老人說：「我們為他們鼓掌吧！」她吃驚地看著老人，問道：「我的胳膊動不了，你只有一隻胳膊，怎麼鼓掌啊！」老人對她笑了笑，解開襯衣扣子，露出胸膛，用手掌拍起了胸膛……那是一個初春，風中還有著幾分寒意，但女孩卻突然感覺自己身體裡湧動著一股暖流。老人對她笑了笑，說：「只要努力，一隻巴掌一樣可以拍響，妳一樣能站起來的！」

那天晚上，她讓父親寫了一張紙條，貼在牆上，上面是這樣一行字：「一隻巴掌也能拍響。」這種信念讓她再也沒有沈緬於小兒麻痹症的痛苦，而是努力從現在做起。她開始配合醫生做復健，甚至在父母外出時，自己也勇於扔開支架，試著走路。蛻變的痛苦牽扯著筋骨，但她堅持著，沒有浪費每一秒鐘，她相信自己能夠像其他孩子一樣行走，奔跑……

十一歲時，她終於扔掉支架，向另一個更高的目標努力。她開始投入籃球和田徑運動。一九六〇年羅馬奧運會女子一百公尺田徑決賽，女孩以「十一秒十八」的成績第一個衝過終點，全場掌聲雷動，人們都站起來為她喝彩，齊聲歡呼著這個美國黑人的名字——威爾瑪．魯道夫。那一屆奧運會上，威爾瑪．魯道夫成為當時世界上跑得最快的女人，她共摘取了三面金牌，也是第一個奪得奧運女子百米冠軍的黑人。

任何時候都不要放棄希望，哪怕只剩下一隻胳膊；任何時候都不要放棄夢想，哪怕殘疾得不能行走。

## 五、成功來自使我們成功的信念

與威爾瑪．魯道夫相似，維吉爾的兒子強尼也經歷成功的痛苦蛻變過程。

強尼誕生時，雙腳向上彎曲著，腳底板靠在肚子上。維吉爾回憶道：「我是第一次做媽媽，覺得這看起來很彆扭，但並不知道這將意味著小強尼先天雙足畸形。醫生向我們保證說，小強尼經過治療可以像常人一樣走路，但是要像常人一樣跑步的可能性則微乎其微。」強尼三歲之前一直在接受治療，和支架、石膏模子打交道。經過按摩、推拿和鍛煉，他的腿果然漸漸康復。七八歲的時候，他走路的樣子已讓人看不出腿有過毛病。

要是走得遠一些，比如去遊樂園或參觀植物園，小強尼會抱怨雙腿疲累酸疼。這時候維吉爾夫婦會停下來休息一下，來點蘇打水或蛋卷霜淇淋，聊聊天。維吉爾並沒告訴兒子他的腿為什麼細弱酸痛，也不告訴他這是因為先天畸形。因為維吉爾不說，所以強尼並不知道。

鄰居小孩遊戲的時候總是跑過來跑過去，小強尼看到他們玩就會馬上加進去跑啊鬧的。維吉爾從不告訴他「你不能像別的孩子那樣跑」，從不說「你和別的孩子不一樣」，所以強尼並不知道。

七年級的時候，強尼決定參加橫越全美的跑步比賽，每天和大夥一塊訓練。也許是意識到自己先天不如別人，他得比任何人都刻苦。雖然他跑得很努力，可是總落在隊伍後面，但維吉爾並沒有告訴他為什麼，沒有對他說不要期望成功。訓練隊的前七名選手可以參加最後比賽，為學校拿分。

強尼堅持每天跑四到五英里，有一次他發高燒，但仍堅持訓練。維吉爾一整天都為他擔心，盼著學校會打電話讓她去接兒子回家，但沒有人打電話給她。

放學後，維吉爾來到訓練場，心想看到媽媽過來，強尼也許就不參加晚上的訓練了。但她發現他正一個人沿著長長的林蔭道跑步呢！維吉爾在他身旁停下車，之後慢慢地駕著車跟在他身後，問他感覺怎麼樣。「很好。」他說。還剩下最後兩英里。他滿臉是汗，眼睛因為發燒失去了光彩。然而他目不斜視，堅持跑下來，她從沒有告訴他不能發著高燒去跑四英里的路，維吉爾從沒有這樣對他說，所以他不知道。

兩個星期後，在決賽前的三天，長跑隊的名次確定了。強尼是第六名，他成功了。他才七年級，而其餘的人都是八年級生。

「我們從沒有告訴他不要去期望入選，我們從沒有對他說不會成功。是的，從沒說起過……所以他不知道，但他卻做到了。」維吉爾說信念讓她的兒子取得了成功。

## 六、偉人也需要自信

在常人眼裡，偉人大多具備與生俱來的稟賦，他們不會有太多難以解決的煩惱，他們骨子裡就有著很強的自信，無論做什麼事，他們都能撇開一切牽絆，迅速投入其中，專注於其中。

然而，並非所有偉人、名人先天就具備如此良好的自信心。美國前總統尼克森是一個大人物，卻因為犯了缺乏自信的錯誤而毀掉了自己的政治前程。

一九七二年，尼克森成功競選連任。由於他在第一任期內政績斐然，所以大多數政治評論家都預測尼克森將以絕對優勢獲得勝利。

然而，尼克森本人卻很沒有自信，他走不出過去幾次失敗的心理陰影，極度擔心再次失敗。在這種潛意識的驅使下，他鬼使神差地做出了後悔終生的蠢事。他指派手下的人潛入競選對手總部的水門飯店，在對手的辦公室裡安裝了竊聽器。事發之後，他又連連阻止調查，推卸責任，在選舉勝利後不久便被迫辭職。本來穩操勝券的尼克森，因缺乏自信而導致慘敗。

事後有人分析說，其實，尼克森只要把手頭的事做好，把注意力集中在拉選票上，他獲勝的機率為九〇％。

相反的，世界著名交響樂指揮家小澤征爾則因為自信，在「圈套」下仍能堅持而未方寸大亂，因此敘寫了一段交響樂界的佳話。

在一次世界優秀指揮家大賽的決賽中，小澤征爾按照評審給的樂譜指揮演奏，敏銳地發現了不和諧之處。起初，他以為是樂團演奏出了錯誤，就停下來重新演奏，但還是不對。他直覺地下了結論：樂譜有問題。這時，在場的作曲家和評委會的權威人士都堅持說，樂譜絕對沒有問題，是他錯了。面對一大批音樂大師和權威人士，他沒有退縮，而是思考再三，最後斬釘截鐵地大聲說：「不！一定是樂譜錯了！」話音剛落，評審們立即站起來，報以熱烈的掌聲，祝賀他大賽奪魁。

原來，這是評委們精心設計的「圈套」，以此來檢驗指揮家在發現樂譜錯誤卻遭到權威人士「否定」的情況下，能否堅持自己的正確主張。前兩位參加決賽的指揮家雖然也發現了錯誤，但終因隨聲附和權威們的意見而被淘汰。小澤征爾卻因充滿自信而摘取了世界指揮家大賽的桂冠。

再看看當今最偉大的科學家史蒂芬．霍金的故事，你就會明白自信到底有多重要，明白偉人是怎樣克服每一道難題，每一次病魔，最終成為偉人的。

史蒂芬．霍金是一個患了伽雷病的人，整天與輪椅相伴，與病魔纏鬥。他多次被告之活不了多久了，但是一次又一次他都沒有放棄，而是積極配合醫生，每次都逃過了病魔的手掌。病痛和逆境折磨著他，使他長年累月在病痛中生活。但是他沒有絕望，他認識到自己的能力還沒有發揮，他還有許多有意義的事要做。

當他的病痛越來越加重，他選擇了理論物理作為研究方向，並做出了偉大的貢獻，提出了許多科學論斷，造就了科學領域的奇蹟，同時，也造就了生命的奇蹟。他對未來充滿了信心，他說過：「一個人永遠不要絕望，自信是十分重要的。」在做出重大的科學貢獻後，他被譽為繼愛因斯坦以後最偉大的科學家！

在自信面前，名人、偉人尚且如此，我們又有什麼好哀歎的？無論過往有多艱辛，無論未來有多遙遠，只要堅信自己，珍惜手頭的一切，成功便離我們又近了一步。

## 第四節 方法是關鍵

常常聽到身邊學英語的朋友抱怨：我已經非常努力、非常專心了，為什麼還是學不好英語，連單詞都背不下來？其實，不止是學英語，很多人努力、專心地去做一件事，卻總是很難得到他們預期的回報。因為勤奮固然是基礎，但方法卻是關鍵。

減肥要講究方法，治病要講究方法，與人打交道要講究方法，數理化、語文、英語學習要講究方法，職場生存要講究方法，就連吃個魚也要講究方法。任何一門學科或技藝都有方法論。在Google上搜索「方法」這兩個字，搜索出來的相關連結有一億一千多萬項。這個數字是何等的龐大，雖然其中也會有很多網頁不一定真的和方法有關，但即使那樣，這個數字也夠令人瞠目結舌的。方法的重要性由此可見一斑。

任何一件事情，在做之前，我們都必須瞭解這事該怎麼來做，也就是它的方法。如果對於所做的事情不清楚、不瞭解，即使再努力，也可能是事倍功半。而一旦找對方法，就極可能做到事半功倍。

我們來看看下面這個小故事。

有一次，美國通用電氣公司的一台大電機故障了，修理技師找不出毛病到底在哪裡，公司只得請一位著名工程師前來指點。這位工程師在現場看了一會，隨手用粉筆在機器的某個部位畫了個圓圈，表示毛病出在這裡。一試，果然沒錯。

這位工程師開出的帳單是一萬美元，人們都認為要價太高了，因為他只畫了個圓圈呀！公司老闆卻不這樣看：「畫圓圈值一美元，知道畫在哪裡卻值九萬九千九百九十九美元，公司一點都不虧！」這個例子是方法價值的最好詮釋。

再拿學英語來說。中國大陸的李陽在沒創造出「瘋狂英語」之前，他的英語成績一塌糊塗。不是因為他不努力，而是因為學校的那種常規英語學習方法不適合他。而當他自創出瘋狂英語之後，成績便一日千里，短短四個月，從全年級最後一名一躍成為第二名。這就是選對方法的成效。

同樣是學英語，每個人的方法不盡相同。聽英文歌曲，看英語對白、沒有字幕的電影，收聽英語電視節目，閱讀中英對照的小說或其他文學作品，背英語辭彙手冊，上英語補習班……學習英語的方法形形色色，但可以說，沒有一種方法是完美無缺的。對A有用的方法，對B就不見得會有效果，而換了C，或許又要用另一種不一樣的方法。就以學校裡學英語的學生來說，無論是初中生、高中生，還是大學生，很多人的努力程度不相上下，但英語水準參差不齊。為什麼呢？因為只有找到合適自己的方法，學習才可以獲得滿意的進步。否則，即使再努力，事情也有可能做不好。

記住，方法是關鍵，只有找到正確的方法，才能將事情做好。

## 一、袋鼠與籠子

一天，動物園的管理員發現，袋鼠從籠子裡跑出來了。他們開會討論，一致認為是籠子的高度過低，所以決定將籠子的高度由原來的十米加高到二十米。

第二天，袋鼠又跑到外面來了。於是，他們又決定再將高度加到三十米。

沒想到隔了一天，管理員居然又看到袋鼠全跑到外面。他們大為緊張，決定一不做二不休，將籠子的高度加高到百米，以圖一勞永逸。

園方真的一勞永逸了嗎？

過了些日子，一頭長頸鹿和幾隻袋鼠們閒聊。「你們看，那些人還會不會繼續加高你們的籠子啊？」長頸鹿這麼問。

「很難說，」袋鼠說，「如果他們再繼續忘記關門的話！」

捨本逐末怎麼可能將事情做好，更何況加高籠子的方法連「末」也算不上呢！即使管理員們將籠子加高到兩百米、三百米，甚至一千米，他們依然無法阻止袋鼠跑出籠來。沒有找對問題的本質所在，自然就無法找到合適的方法；方法不對，那麼他們再努力、再專注，依然是無濟於事。

## 二、釣魚的訣竅

人們眼裡通用的方法不見得對每個人都適用，也不見得就是做好事情的正確方法。就像腦筋急轉彎，正常的思維永遠也解不開它的答案。

小貓釣魚的故事告訴我們，專注才能釣到魚。但是，它卻沒告訴我們，應該專注在哪個方面。是魚呢，還是釣竿，或是其他的東西？由於每個人專注的方向不同，方法自然也不同，收穫當然也不同了。

平靜如鏡、清澈見底的小河旁邊，有兩位老漢正在釣魚。他們一人蹲在一塊石頭上，神情都十分專注。

其中一位老漢一次又一次地起竿，不斷地將釣上來的魚放進魚簍裡；而另一位老漢的魚簍裡卻空空如也，一條魚也沒釣到。

這位沒釣到魚的老漢有些沈不住氣了。他跑到那位釣很多魚的老兄身邊，對他說：

「老哥，您釣了這麼多的魚了，而我，從一早到現在連一條魚也還不曾釣到。咱倆用的魚食一樣多，釣鉤下去一樣深，釣魚時也一樣專注。可是結果卻完全不一樣，這到底是怎麼回事呢？」

那位老漢回答說：「您是問我釣魚的訣竅嗎？其實也沒有什麼特別的秘密。只不過我有一些體會。比如說，在我開始放下釣鉤時，心裡想的並不是釣魚這件事。因此，我不急不躁，我的眼神也很平和，而不是四下搜索張望，我的神情也不變。這樣，魚就放鬆了戒備，忘記了我是釣魚人。牠們在我的釣鉤旁游來游去，因此很容易上鉤，我也就容易釣到魚。我看你呀，就不像我這樣，而是心裡老想著魚，心情十分急切，眼睛老看著游來游去的魚，所以你的神情變化太多、太明顯。魚看到你這副神態，牠們會十分緊張，自然都被嚇跑了，又如何釣得到魚呢？」

經這麼一開導，這位老漢才恍然大悟。原來是自己太專注在魚，而使得結果適得其反啊。於是，他按照那位老兄所說的去做，靜下心來全神貫注。果然一會兒工夫，他也接連釣上來好幾條魚。

兩個老漢釣魚，外部條件一樣，可是方法不一樣，結果就導致了截然不同的成果。所以說，無論做什麼事，要想將它做好，除了專心致志之外，必須找對方法，才能產生好的效果。否則，我們就會像開始沒釣到魚的那個老漢一樣，徒勞而無功。

## 三、牛的哲學

有個讀書人前往京城趕考，行過一處鄉間時，看到一位老農將餵牛的草料鏟到一間小茅屋的屋檐上。讀書人不免感到奇怪，上前問道：

「請問老伯，為何要將餵牛的草放在簷上，而非地上呢？」

老農一看是位讀書人，於是回答說：「這種草草質不太好，牛不是很喜歡吃。我要是將它放在地上，牛會對它不屑一顧；假如我將它放在牛勉強搆得著的屋檐上，牠就會努力去吃，直到把全部草料吃個精光。」

另有一則關於牛的小故事。

有一天，愛默生與獨生子欲將牛牽回牛棚。兩人一前一後，一個推一個拉，使盡全力，牛也不進去。愛默生和兒子急得滿頭大汗，依然束手無策，拿牛沒有辦法。

這時，他們的女傭過來了。她見到兩個大男人滿頭大汗卻徒勞無功，便上前幫忙。她拿起棚裡的一些草料，邊餵邊將牠一路順利地引到棚裡。見到如此情景，兩個大男人在那裡目瞪口呆。

同樣的草料，放在地上牛不吃，放在屋檐上卻成了牛「好不容易」才吃到的「好料」，老農對牛的瞭解不可謂不深，方法不可謂不妙。而愛默生雖文才出眾，但不瞭解牛的習慣和脾性，無法找到正確的方法，雖然出盡全力，卻也毫無成效。惟有找對事物的性質，我們才可能對症下藥，就如同治病一樣，假如你連病情都還沒有瞭解，又怎麼可能治好它呢？

## 四、求取千里馬

傳說古代有一位非常喜愛駿馬的國君，為了得到一匹良騎，曾許以一千金的代價買一匹千里馬。普天之下，可以拉車套犁、載人馱物的騾、馬、驢、牛多得是，而千里馬則十分罕見。派去買馬的人走鄉串鎮，像大海裡撈針一樣尋找千里馬。三年的時間過去了，國王卻連個千里馬的影子也沒有見到。

一個宦官看到國君因得不到朝思暮想的千里馬而快快不樂，便自告奮勇地對國君說：「您把買馬的任務交給我吧！只須您耐心等待一段時間，屆時定會如願以償。」國君見他態度誠懇，語氣堅定，彷彿有取勝的秘訣，因此答應了他的請求。這個宦官東奔西走，用了三個月時間，總算打聽到千里馬的蹤跡。可是當宦官見到那匹馬時，馬卻已經死了。

然而宦官並不灰心，馬雖然死了，卻能證明千里馬是存在的。既然世上的確有千里馬，就用不著擔心找不到第二匹、第三匹，甚至更多的千里馬。想到這裡，宦官更增添了找千里馬的信心。他當即用五百金買了那死馬的頭，興沖沖地帶著馬頭回去面見國君。

宦官見了國君，開口就說：「我已經為您找到了千里馬！」國君聽了大喜，迫不及待地問道：「馬在哪裡？快牽來給我看！」

宦官從容地打開包裹，把馬頭獻到國君面前。看上去雖說是一顆氣度非凡的駿馬頭，然而畢竟是死馬！那馬慘澹無神的面容和散發的腥臭使國君禁不住一陣噁心。國君的臉色霎時陰沈下來，他憤怒地說道：「我要的是能載我馳騁沙場、日行千里的活馬，而你卻花五百金的高價買回一個死馬的頭。你拿死馬的頭獻給我，到底居心何在！」

宦官不慌不忙地說：「請國君不要生氣，聽我細說分明。世上的千里馬數量稀少，不是在養馬場和馬市上輕易就能見到的。我花了三個月時間，好不容易才遇見一匹這樣的馬，用五百金買下死馬的頭，僅僅是為了抓住一次難得的機會。這馬頭可以向大家證明，千里馬並不是子虛烏有；用五百金買一匹馬的頭，就等於昭告天下，您尋馬的誠意和決心。只要這一消息傳揚開去，即使有千里馬藏匿於深山密林、海角天涯，養馬人聽到了您是真心買馬，必定會主動牽馬紛至沓來。」

果然不出宦官所料，此後不到一年的時間，國王就先後得到了三匹千里馬。

這個故事首先出現在《戰國策》中，是郭隗用以告訴燕昭王如何招徠人才的。不過單從國王尋找千里馬這件事來看，說明的卻是方法的重要性。國王花費無數人力、物力，而且連續三年，一心一意地想找到一匹千里馬。但是，為什麼這麼專心、這麼努力，卻三年都沒有找到一匹，甚至連馬影子都沒有見到呢？而毛遂自薦的宦官卻能在不到一年的時間裡，讓國王得到了三匹千里馬，而且自己外出尋找的時間不過短短三個月？

前三年，國王在找千里馬；後一年，是擁有千里馬的人來找國王。方法的不同，造就了前後結果的天壤之別。

## 五、找到懷錶

一個城裡的有錢人到鄉下去收田租。到了佃農的穀倉，有錢人東看看、西瞧瞧，不知什麼時候把心愛的懷錶弄丟了。

有錢人心急如焚，佃農也不知如何是好，只好去把村裡的所有人都找來，一起尋找那懷錶。但是偌大的穀倉，如何找得到懷錶這件小小的東西。大家幾乎把整個穀倉都翻遍了，懷錶還是不見蹤影。

天色漸漸晚了，有錢人一臉的焦急早就變成了失望，村裡的人也一個個回家去了。但是，有一個人卻留了下來。

「我有把握找到你心愛的懷錶。」這個人信心十足地告訴有錢人。

「真的嗎？好吧！那就麻煩你，如果找到了懷錶，我會獎賞你的。」

夜深了。這個人再次走進穀倉，找了個位置，靜靜地坐了下來。穀倉裡悄然無聲，時間都彷彿停滯不動了。就在這個時候，一個小小的聲音從穀倉的右後方角落傳來。

「滴答，滴答，滴答……」

這個人像貓一樣，踏著幾乎無聲的腳步，尋聲向右後方角落走去。到了那附近，這個人又伏下身來，把自己的耳朵貼住地面，仔細地傾聽著。然後，他起身在一堆稻草中掏了掏，直起身來，露出得意的微笑，走出穀倉朝有錢人走去。

月光下，他的手上赫然就是有錢人丟的那只懷錶。

有時候，想要做成一件事情，直著來或許不行，那就彎著來；明著來不行，那就暗著來。要想收到最好的效果，就必須掌握這件事的規律。只要規律瞭解了，方法就能對路，事情才有可能成功。

## 第五節 重要的事先做

我們的人生就是一次旅行，沒有回程。因為時間的單向性確定了人生的一次性，我們不可能回到過去，只能在記憶中懷念過去，所以我們唯一能確認的便是現在，這就是為什麼做好現在的事、手頭的事很重要。

然而，每一天，我們手頭總是會有很多的事情要做，有大事，有小事，有令人愉快的事，也有令人心煩意亂的事。很多人只要面前有什麼事，他就做什麼事，結果浪費許多精力，空耗許多時間，弄得身心疲憊不說，一天下來連收穫都沒有。

像沙漏一次只能透過一粒沙子一樣，我們一次也只能集中全力做好一件事情。那麼，這麼多事情，哪一件先做，哪一件可以後做呢？

答案是：重要的事先做！

將每一件事分出輕重緩急，這樣才能在有效的時間內創造出更大的智慧，也才能使你工作和生活遊刃有餘、事半功倍。

打個比方。如果你是學生，現在正在進行一次非常重要的數學考試。按照你的速度，這張考卷上的題你不一定都能做完。考卷上的題是這樣的，前面都是選擇題，每題五分，難度係數是六〇％。後面一部分是解答題，每題十分，難度係數是八〇％。現在，對你來說，要考好就得儘量拿到分數。你會怎麼做？是該按照試題排列的順序從頭做到尾，還是按照分數比重，分數高的解答題先做呢？我想，你無疑會選擇後者。因為每做好一道解答題，你的考分就能得十分，雖然它的難度係數要稍高一點。

我們的人生就像是一張考卷。雖然每一件事情做了都會得到「分數」，但有些事是「分數」比較高的，有些事則比較低。為了讓一天的成績達到「最高分」，我們必須要排列它們的「分值高低」（重要順序），然後選擇性地完成它們。如果每一天、每一個月、每一年我們都能這樣做，我們的人生將會獲得「最高分」。

## 一、大師繫鞋帶

一位表演大師上場前，弟子告訴他鞋帶鬆了。大師點點頭，向這位弟子表示感謝，並且蹲下來仔細將鞋帶繫好。等到弟子轉身後，表演大師又蹲下來將鞋帶解鬆。

有個旁觀者看到了這一切，不解地問：「大師，您為什麼又要將鞋帶解鬆呢？」

大師回答道：「因為我飾演的是一位勞累的旅者，長途跋涉讓他的鞋帶散開了。透過鞋帶的鬆開這個細節，就能表現出他的勞累憔悴。」

「那你為什麼不直接告訴弟子鬆掉鞋帶的原因呢？」

「他能細心地發現我的鞋帶鬆了，並且熱心告訴我，我一定要保護他這種積極性，及時地給他鼓勵，至於為什麼要將鞋帶解開，將來會有更多的機會教他表演，可以下一次再說啊。」

人一個時間只能做一件事，懂得抓重點，才是真正的人才。美國汽車公司總裁莫端要求秘書呈遞給他的文件放在各種不同顏色的公文夾中。紅色的代表特急；綠色的要立即批閱；桔色的代表這是今天必須注意的文件；黃色的則表示必須在一周內批閱；白色的表示周末時須批閱；黑色的則表示必須由他簽名的文件。這樣一來，每一天重要的事情他都能夠做好。

## 二、如何裝滿你的玻璃缸

管理課的課堂上，教授在桌子放了一個裝水的罐子。然後，他拿出一些正好可以從罐口放進罐子裡的鵝卵石。

教授把石塊放完後，問他的學生道：「你們說這罐子是不是滿了？」

「是！」所有學生異口同聲地回答。

「真的嗎？」教授笑著問。然後，他從桌底下拿出一袋碎石子，把碎石子從罐口倒下去，搖一搖，再加一些，問學生：「你們說，這罐子現在是不是滿的？」這回他的學生不敢回答得太快。最後，班上有位學生怯生生地細聲回答道：「也許沒滿。」

「很好！」教授說完後，又從桌子下拿出一袋沙子，慢慢倒進罐子裡。倒完後，他再次問班上的學生：「現在你們告訴我，這個罐子是滿的呢？還是沒滿？」

「沒有滿。」全班同學這下學乖了，大家很有信心地回答說。

「好極了！」教授再一次稱讚這些「孺子可教」的學生們。稱讚完了後，他從桌底下拿出一大瓶水，把水倒在看起來已經被鵝卵石、小碎石、沙子填滿了的罐子。

班上一陣沈默，然後一位自以為聰明的學生回答說：「無論我們的工作多忙，行程排得多滿，如果再挪一下，還是可以多做些事的。」這位學生回答完後，心中很得意地想：「這門課到底講的是時間管理啊！」

教授聽了他的回答後，點了點頭，微笑道：「答案不錯，但這並不是我要告訴你們的重要資訊。」說到這裡，教授故意頓住，用眼睛向全班同學掃了一遍說：「我想告訴各位最重要的用意是，如果你不先將大的鵝卵石放進罐子裡，你以後也許永遠沒機會把它們再放進去了。」

是的，人生中林林總總的事件可以按重要性和緊急性分類，將之分成「鵝卵石」、「碎石子」、「沙子」、「水」，而我們的人生就像是這個罐子。要想將所有的東西全都放到罐子裡去的話，你必須先將重要的事完成，就像先放「鵝卵石」一樣。否則，那些重要的事可能就錯過，再也沒有機會去做了。

# 第五章

# 一生只做一件事的六項練習

蕭伯納曾經說過：「人生的真正歡樂是致力於一個自己認為偉大的目標。」艾德蒙斯也說過：「偉大的目標構成偉大的心。」

在前一章，我們已經詳細講述了目標對於專注做事、對於人生的重要性，那麼，我們如何確定目標呢？

## 第一節　確定自己的目標

### 一、設定目標三大原則

目標就是在一定的時間內，所要達到的預期成就或目的。

在設定目標的時候，需要遵循以下幾個原則。

#### （一）明確性原則

無論是企業還是個人，無論是短期目標，還是中長期目標，我們制定出來的目標必須是明確的。

明確的目標才能一步步指引我們的行為，能讓我們有的放矢。比如說，考試就有個分數目標。對你來說，考多少分才算是「好」呢，是七〇、八〇還是九〇，這個目標必須明確。目標明確了，你才有做事的動力。

心理學家曾經做過這樣一個實驗。

組織三組人，讓他們分別向著十公里以外的三個村子進發。

第一組人既不知道村莊的名字，也不知道路程有多遠，只告訴他們跟著嚮導走就行了。剛走出兩三公里，就開始有人叫苦；走到一半的時候，有人發怒了，他們抱怨為什麼要走這麼遠，何時才能走到底，有人甚至坐在路邊不願走了；越往後，他們的情緒就越低落。

第二組人知道村莊的名字和路程有多遠，但路邊沒有里程碑，只能憑經驗來估計行程的時間和距離。走到一半的時候，大多數人想知道已經走了多遠，比較有經驗的人說：「大概走了一半的路程。」於是，大家又簇擁著繼續往前走。當走到全程四分之三的時候，大家情緒開始低落，覺得疲憊不堪，而路程似乎還有很長。當有人說「快到了」、「快到了」的時候，大家又重新振作起來，加快了行進的步伐。

第三組人不僅知道村子的名字、路程，而且路旁每一公里都有一塊里程碑，人們邊走邊看里程碑，每縮短一公里，大家便有一小陣子快樂。行進中，他們用歌聲和笑聲來消除疲勞，情緒一直很高昂，所以很快就到達了目的地。

心理學家得出了這樣的結論：當人們的行動有了明確目標，並能把行動與目標不斷地加以對照，進而清楚知道自己的行進速度與目標之間的距離，人們行動的動機就會得到維持和加強，就會自覺地克服一切困難，努力到達目標。

## （二）合理性原則

第二點，制定的目標必須要合理。因為目標是切實可行的，所以不能制定一個天方夜譚似的目標，否則，我們就可能因為無法達到目標而心生恐懼。比如說，剛過一周歲的嬰兒學步，父母給他制定的目標是走到十米外的沙發旁。假如他們給孩子制定的目標是走到五百米外的菜市場，那麼孩子說不定就不敢練習走路了。

不過，千萬不要怕自己做不到而給自己設限。有限的目標會造成有限的人生，所以一定要盡情地讓思維馳騁，相信自己能做到。但同時要注意，一定要使目標切合自己的實際，不要好高騖遠。否則，一旦目標實現不了，你就會因此而產生挫敗感，從而打擊你的自信，使你喪失信心。

**（三）可行性原則**

第三點，制定的目標必須具有可操作性。就像我們經常會說：「都還不會走，怎麼可能學會跑。」目標的達成是循序漸進的，就像學習英語，如果連簡單的二十六個字母都沒有學會，又怎麼可能學會看一篇複雜的英文課文？

## 二、目標制定六大步驟

第一步：拿出一張紙，寫下自己對於這件事想達到的成就，或者想進行到什麼程度。

有時候，衡量一件事有沒有做好標準不止一個，或者我們想達到的目的或許可以分成好幾個層次。這種時候，我們必須把所有的標準或層次全部都寫下來。寫的時候，先不必管那些目標能用什麼方式達成，只管儘量寫，不要給自己設限。因為達成目標的第一步，就是知道它會是什麼結果。

第二步：審視你所寫下的所有目標，預期你希望它們達成的時限。

前面說過，目標可能有多個層次，那麼，你希望何時達成每個層次呢？十分鐘？一個小時？一天？還是一個星期或者更長時間？

如果你想做好的這件事需要的時間很短，你就要將眼光放長遠些，找出一些與這個目標有關的潛在目標。如果手頭的這件事需要的時間很長，你可以將它分成幾個部分來做，一個部分設定一個具體的目標，就像前面的那個實驗一樣。那樣的話，我們做事就會更加有激情和動力。

第三步：明確寫出你為什麼要做這件事，也就是想實現目標的理由是什麼。

如果你能夠找出充分的理由，那你就能激發出強大的潛力，因為追求目標的動機，遠比目標本身更能激勵我們。如果你的動機夠強烈，便能永遠尋得做事的方法，如果你有充分的理由，便沒有任何事能阻攔你。

比如說，你光想著今天能夠考好考試、能夠做好老闆給你的這份工作，或者能夠討戀人的歡心，那都只是一個目標，激不起你的鬥志。但是，假如你知道今天考好就能夠獲得學年的獎學金，做好老闆的這份工作能夠得到升遷，討得戀人的歡心就能訂下你們的婚事，那麼你就會備受鼓舞、促其實現。

第四步：列出你已經擁有的各種重要資源。因為實現目標必須有計劃，而在進行計劃的時候，你就得知道自己該用到哪些工具和資源。在紙上列出一張你所擁有資源的清單，裡面包括自己的個性、朋友、財物、教育背景、時限、能力，以及其他內容。這份清單越詳盡越好。

第五步：當你做完這一切，請你回顧過去，有哪些你所列的資源曾運用得很純熟。回顧過去，找出你認為最成功的兩三次經驗，仔細想想當時是做了什麼特別的事，才使得自己成功地完成了類似的事。

除了自己的經驗，你也可以借鑒別人的經驗。因為很可能你之前沒有做過類似的事，那麼別人的經驗就會成為你寶貴的財富和指引。

第六步：完成前面的步驟後，我們就可以開始寫下具體的行動步驟了。也就是說，我們可以開始制定計劃了。

就像蓋一棟房子，難道有了木頭、釘子、榔頭、鋸子便可以動工了嗎？難道胡亂拼湊這些材料和資源就可以了嗎？像這樣蓋房子，是不太可能會成功的。蓋房子一定得有藍圖、有計劃，你才能知道怎麼進行，否則你只是把建材胡亂拼湊而已。我們做事就和蓋房子一樣，有了目標之後，一定要制定詳細的計劃。

## 三、實現目標需要計劃

所謂計劃，就是指為達成目標所採取的方式或途徑。根據目標的不同類型，計劃可以分為學習計劃、工作計劃、旅遊計劃、銷售計劃、財務計劃等等。根據時間的長短，計劃可以分為終生計劃、二十年計劃、十年計劃、五年計劃、一年計劃、一月計劃、一周計劃、一天計劃等。

做好計劃，按計劃行事，不僅可以提高工作效率，而且可以體驗工作的節奏感，使你不至於把工作當作是一種苦役，而成為一種享受，使你在工作中感受生命的脈動，把握生命的韻律。

工作一定要計劃，沒有計劃的人永遠被工作拖著走。

計劃猶如一幅地圖，指引著你一步一步到達終點。就像我們前面所說的蓋房子，計劃就是那張藍圖，什麼地方是客廳、什麼地方是廚房、臥室、洗手間，藍圖上都必須有明確的細節規劃。

再比如說，你準備去旅行，目的地是墾丁。假如你要找旅行社，那麼你事先就要打聽好各家旅行社的條件，比如費用多少，去幾天，一個團有多少人，吃住是什麼標準，自己要負責帶什麼東西等等。各家旅行社的條件和要求肯定不同，所以你一定要事先瞭解清楚，以免到時候出現意外。

而假如你是準備自助遊，那計劃就更得詳細。你得想好交通工具，是選擇火還是飛機，或自己開車去。你還得想好行進的路線，先到哪個城市，在那邊待多長時間，吃住都怎麼安排。自己要帶什麼東西，一路的費用是多少，到了那邊有哪些景點需要遊玩，大概需要多少時間……如果你事先沒有一個具體的計劃，只是隨性而發，那麼這個假期你能盡情遊玩嗎？所以說，沒有具體的計劃，任何目標都只是空中樓閣。一個好的行動計劃相當於已經達到了一半目標。

那麼，如何制訂計劃呢？

制訂計劃並非一件輕而易舉的事。我們會遇到很多困難，最主要的就是不知道如何設計這條「路線」，以順利達到「目的地」。有時候達到一個目的地不止一條路線，但是哪條對你來說是最合適的，也就是說，哪條路是你的「捷徑」呢？

這個「捷徑」也就是我們說的方法。做計劃的第一步就是找對自己的方法。

**第一步：找到自己的方法**

如果你正在做的這件事是我們身邊親朋好友以前做過的，或者他們做過類似的事，我們可以去徵求他們的意見，參考他們的方法。如果說身邊的人沒有做過，我們還可以擴大範圍，去找那些走過你想走的這條路，並且已經達到目的地的人。無論是誰，只要他們有過與你相似的經歷或做過類似的事，他們就熟悉地形情況，知道哪裡有曲折，哪裡有陷阱。他們能夠告訴你應該怎麼制定切實可行的計劃，怎麼克服路上可能遇到的障礙，讓你少走彎路，以節省你的時間、精力、物力和財力。

注意，有時候在別人看來，你要做的這件事或許是不可能實現的。他們或許會迎頭給你潑一盆冷水，找出一大堆理由來證明你的目標是不可能實現的，諸如「你的基礎太差」、「你從來沒有考進班級前三名」、「那麼優秀的女孩子是不會看上你的」、「你的前任都沒有做好，你又怎麼可能做好」。他們甚至會「好心」地勸你不要異想天開，勸你要「務實點」，最終使你放棄計劃，甘於做一個像他們一樣「平凡」的人。

**第二步：學會分解目標**

目標的實現不可能一蹴而就，千里之行畢竟需要始於足下。計劃的制定越詳細越好，因為越是詳細的計劃，就相當於將整個目標分成了越多的小目標。比如說，十年計劃可以具體化到一年計劃、半年計劃，甚至每月計劃；一個月的計劃我們可以具體化到每一個星期、每一天；一個小時的計劃我們可以具體化到每一刻鐘，或者每一分鐘。還記得我們在第一章裡講的那個每秒走一下的故事嗎？走三千二百萬下是小鐘一生的目標。在這個目標沒有具體化之前，它覺得那實在是難以達到。但是，當另一只大鐘告訴它，其實要達到這個目標，只需每秒走一下，小鐘感覺這很容易、很輕鬆，它一生的目標就這樣實現了。

我們做事情也是這樣。一件看起來很難的事，其實只要把它分解成若干個部分，我們就能一部分一部分地做好，直至最後達成了大目標。就好像我們在學測中做的那些物理題一樣。老師總是告訴我們，即使這個題你不能完全做出來，也要把你會的那幾步做好；不要被它長長的題目嚇倒，只要一部一部地解，再難的題目或許你都能夠做出來。

然而，目標的分解無須過於細分化。因為目標過於細分化時，取得的一點點成就或許就不足以對我們形成激勵作用，致使我們喪失做事的動力和熱情。我們要按照自己的能力和承受限度，合理地分解目標。

目標的分解也不一定要和別人的完全一樣，我們可以根據自己的實際情況，參照他人的例子，做合理可行的分析。

在制定計劃的時候，務必要留出一定的自由時間。因為很多時候，事情的發展不一定能夠按照你的意願和預期，所以一定要留出自由時間作彈性調配。

**第三步：培養自己制定計劃的習慣**

或許之前的你做事總是沒有計劃，但是從現在開始，你要學會用計劃來管理你的目標。在每一天開始的時候，你都要寫下自己的目標，然後為這些目標制定具體的計劃。每一天都要這麼做，直到它成為你的習慣。一個人一天的行為中，大約只有五％是屬於非習慣性的，而剩下的九五％行為都是習慣性的。所以當你將制定計劃培養成一個習慣時，你的生活會更加順利，工作效率也會提高很多。

**第四步：每一步計劃完成後都必須回顧總結**

完成了每一步計劃或每一個小目標之後，你一定要做一個小小的、簡單的總結。一來，這個總結可以讓你明確知道自己是否按照整個計劃前進，有沒有偏離目標。二來，你可以記取前面計劃中得到的經驗教訓，找到更合適、更快捷的方法來做好以後的事，避免之前走過的彎路。第三，這樣做可以讓你從前面的任務中解脫出來，一心一意地進行下一個階段的工作。

在制定你的目標和計劃時，可以參照下面的格式來做。

最好的結果：

需要的時間：

可行性計劃：

第一步：

回顧總結：

第二步：

回顧總結：

第三步：

回顧總結：

第四步：

回顧總結：

比較好的結果：

需要的時間：

可行性計劃：

第一步：

回顧總結：

第二步：

回顧總結：

第三步：

回顧總結：

第四步：

回顧總結：

採取哪些行動或做出什麼樣的改變可以達成我最想要的結果：

可以接受的結果：

需要的時間：

可行性計劃：

第一步：

回顧總結：

第二步：

回顧總結：

第三步：

回顧總結：

第四步：

回顧總結：

採取哪些行動或做出什麼樣的改變可以達成我最想要的結果：

無法接受的結果：

採取哪些行動或做出什麼樣的改變可以達成我最想要的結果：

## 第二節 學會時間管理

要想專心致志地做好一件事，我們需要時間。可是，時間不是無限量的，而我們要做的事卻有那麼多。很多時候，我們手頭就有好幾件事等著處理。這個時候，你該怎麼辦呢？你該怎麼來安排時間呢？你該怎麼來決定哪件事先做、哪件事後做呢？你是否碰到什麼就做什麼，不管它對你的目標、對你的人生有沒有幫助呢？

「時間就是金錢」、「時間就是生命」、「一寸光陰一寸金，寸金難買寸光陰」，這樣的話，我們聽多了，說得也不少。可是我們究竟做得怎麼樣呢？下面這些話你是否曾經有所耳聞呢？

「當初我要是多學點東西就好了！」「早知道，我今天應該少看點電視，就能把這件事做完了！」「我的時間怎麼總是不夠用啊，該昨天做完的事，今天居然還沒有完成！」

在任何情況下，我們擁有的時間都不會減少或者增加，每一天都是二十四個小時。我們的時間也無法像金錢那樣累積起來。我們不可能說今天節省了一個小時，放到明天去用。無論你願意與否，每一天的二十四個小時都會消耗掉。時間也不可能失而復得，它流逝了就永遠也不會回頭。

可是，那些事業成功的人看起來彷彿總有用不完的時間，那些生活美滿的人總能有足夠的時間和家人待在一起。難道是時間老人對他們特別優待嗎？

曾經有人這麼說過：「不會管理時間的人，永遠只能被生活逼著走。」每個人都想要自己主導和控制生活、工作、事業。然而，很多人都失敗了。他們常常被事情搞得焦頭爛額，成天愁眉苦臉。要是你問起他們為什麼會那樣，他們自己也說不出一個所以然來。其實，根本的原因就在於他們沒有管理好時間。

怎麼安排時間，以便在最少的時間裡做好我們想做的事，這就是時間管理的定義。雖然說是時間管理，但真正管理的卻是人，而不是時間。

大凡事業有所成就或家庭美滿的人，都是時間管理的專家。比如說華德．迪士尼，無論他在工作上有多少的事情要做，他也總是能抽出時間來陪家人，和他們一起營造美滿的生活。

關於時間管理的著作浩如煙海，而且很多都是大家，比如說洛塔爾．塞偉特所創作的《把時間花在刀刃上》就是一部非常出色的作品。筆者在這裡也想提出幾點自己關於時間管理的看法。

## 一、重要的事先做

我們在第四章討論過這個話題，不過現在，我主要從時間管理的角度來講。時間是不可能回頭的，一旦某件事情錯過了，我們就可能會永遠錯過，無法再彌補或重來。一個再怎麼能幹的人，也不可能在同一個時間裡完成兩件以上的事情。所以說，我們必須把事情分出輕重緩急，先做好手頭重要的事，再來完成其他次要的事情。

**第一步：我們要先瞭解自己一天的時間是怎麼用掉的。**

這一步其實是時間管理的準備工作，是它的前提條件。如果不瞭解自己的時間是怎麼花掉的，你又怎麼對時間和事件進行安排呢？

**第二步：列出自己手頭需要做的所有事情，然後排列它們的優先順序。**

時間管理上的錯誤基本就是在不該花很多時間的事情上花了過多時間。明明你必須把手頭的事情做好，但是由於時間的安排不合理，我們常常被迫敷衍了事，以致事不成事。而安排好它們的優先順序之後，我們就能每時每刻集中精力處理要做的事，因為我們早已對這些事胸有成竹。

事情的優先順序怎麼安排呢？我們可以先問自己幾個問題：

這件事如果不做，會有什麼樣的後果？如果做不好，會有什麼樣的後果？

這個問題的答案，要從目標、需要、回報和滿足感這四個方面進行評估。

這件事是不是必須由我親自來做？可否交給別人？那樣做會產生什麼差別？

問這個問題的目的，是要區分出哪些我們不必要做的事情，哪些是可以由別人代勞的事情。

不過，很多時候我們經常會將「緊急的事」誤認為是「重要的事」。緊急意味著這件事需要我們立即給予注意，它們一般都是明顯易見的，會給我們造成壓力，逼迫我們馬上採取行動。這樣的事情不見得都是壞事，有時候也會是令人愉快、很有意思或容易完成的。但是，如果聽任自己讓「緊急」的事情左右，我們的生活就會充滿危機。而重要的事卻能讓我們更快地向著自己的目標、成就邁進。

**第三步：為行事曆上所有的事情都先估算一定的時間。**

這一步很重要。行事曆上的所有事情都是你今天必須完成的，所以一定要合理地安排好時間。在估計時間的時候，要全面考慮到事情的性質、難度和結果、截止日期等，綜合評定出一個恰當的期限。這個期限切不可過於細化，要留出一些緩衝時間；但也切不可過於籠統，比如說上午、下午，那樣的話，這個時間管理就等於沒做。

此外，我們還要考慮到如果時間真的來不及，比如出現了突發事件（失火、車禍等），有哪些事情可以留到明天而不會有太大的影響。

有些事情未必會列在行事曆上，比如說給朋友打個電話，陪家人一起吃飯或逛街等等。像這類人際交往方面的事，我們或許不會寫在紙上。但是，良好的人際關係是成功的重要元素之一，所以我們必須要留出一定的時間作為自由時間，用來與親朋好友聯絡感情。

## 二、時間管理的十大關鍵

時間管理並不那麼容易做到，但是有一些關鍵是我們必定要注意的。注意到這些，我們的時間管理觀念就能逐步樹立起來，從而有效管理我們的生活和工作

### 第一大關鍵：設立明確的目標

這一點是本書一直強調的。簡單說，成功就是達到你想取得的目標。

時間管理的目的就是要在最短的時間裡實現更多的目標。所以，這是時間管理最重要

的關鍵之處。至於如何確定目標和計劃，我們在上一小節中已經有所說明，在此就不再贅述。

**第二大關鍵：列一份目標總清單，把想做的所有事情都列出來，並將目標具體化**

如果只列出一天要做的事情清單，未免就有點「鼠目寸光」。第一章說過，手頭的事在宏觀上來講就是你的一個中長期目標。我們所做的每一件事符合了這個目標，我們才可能獲得自己想要的成就。

其實，我們不光可以列出今年想做的事，也可以將今後十年、五年想做的事情都列出來，然後對目標進行具體化。

這裡所謂的具體化，也可以說是時間的分割。拿年度目標來說，我們可以將其分割成季度目標；季度目標又可以分割成月度目標、周度目標。我們可以在周末或月底對這些目標進行總結，以便在碰到突發事件的時候及時調整目標。

**第三大關鍵：帕瑞托法則**

帕瑞托是義大利的一位經濟學家，他的法則就是我們熟悉的二〇／八〇原則。

帕瑞托認為，二〇％的目標具有八〇％的價值，而剩餘的八〇％的目標只有二〇％的價值。用一句話來說，就是重要的少數和不重要的多數。為了有效做好管理時間，應該根據價值來投入時間，將我們的精力用在最能見成效的地方。這也和我們上面所說的，「重要的事先做」的理念不謀而合。

如果我們在瑣細的事情上花去大量時間，我們的生活和工作肯定會出現問題。

二〇／八〇原則還可以運用到時間管理之外的很多領域。我們來舉個小小的例子。美國企業家威廉．穆爾在為格利登公司銷售油漆時，頭一個月僅賺了一百六十美元。他仔細分析了自己的銷售圖表，發現八〇％的收益來自二〇％的客戶，但自己卻對所有的客戶花費了同樣的時間。於是，他要求把他最小的三十六個客戶重新分派給其他銷售員，自己則把精力集中到最有希望的客戶上。不久，他一個月就賺到一千美元。穆爾從未放棄這一原則，這使他最終成了凱利．穆爾油漆公司的總裁。

## 第四大關鍵：每天至少要有半小時至一小時的「不受干擾」時間

前面說過，每一天要留出一定的自由時間，用於聯絡親朋好友。其實，我們還應該留出一些時間用於思考。

假如你能有一個小時完全不受任何人干擾，自己待在一個獨立的空間裡，思考事情，或是做一些你認為最重要的事。這半個或一個小時裡的思考，或許可以抵過你一天的工作效率。有時候，安靜地、不受他人干擾的思考，能讓你豁然開朗，對某一件事的解決方法了然於胸。

**第五大關鍵：以自身價值觀為導向**

每個人都會有自己的人生觀、價值觀，假如這些觀念不明確，我們就無法確定什麼是自己最重要的。那樣一來，你清單上的所有事情就無法安排優先順序，也就談不上時間管理了。

時間管理不是管理時間，而是管理人，將時間花在那些對自己來說最重要的事情上面。因為時間的有限性，我們或許不可能完成每一件事，但那些最重要的事我們必須安排時間來做好它。

**第六大關鍵：根據生理規律，讓每一分鐘發揮最大的效率**

人有生物時鐘，人的生活也必然有他自己的生理規律。找出自己的這個規律，用來分配時間。比如說，早上你看書的效率很高，那麼在同等重要的幾件事情安排上，你可以把看書安排在早上來進行。這樣一來，你的每一分鐘都能獲得最大的效率。

**第七大關鍵：請別人代勞**

在安排事件的優先順序時，我們說過，有些事情可以由別人來代勞，只要結果符合要求就可以。

列出所有你認為可以由別人代勞的事情，然後找合適的人選。這樣，你的工作效率就會提高。

記住一點：用人不疑，疑人不用。假如你請別人代勞了之後又不信任他，而要自己重新檢視事件，那還不如不授權。因為那樣的話，你就相當於多花了找人代勞的時間。

## 第八大關鍵：類似的事情，最好一次就將它完成

假如現在的時間用於處理文字，那麼這段時間最好都用來處理類似的文字工作；假如現在的時用於思考，那麼你就花一段時間去將事情思考清楚。也就是說，你可以每天安排某一個時段來做同類的事情，比如打電話、寫企劃或是其他什麼。

我們可以結合前面的第六個關鍵點，根據生理規律恰當地安排時間。比如說，下午比較困倦的時候，可以和朋友打個電話，既可以提神，又能提高效率。

而且，同樣的事情重複做，就能熟而生巧。就像背單詞，一段時間裡連續背，能強化記憶的效果。

## 第九大關鍵：做好「時間日誌」

你花了多少時間在哪些事情上，把它詳細地記錄下來。這個工作可以晚上來做，或者在顯眼的地方貼上一張表格，隨時填上你做事情時花費的時間。生活上的事情可以填在家

裡的表格裡，工作方面的可以填在辦公室的表格中。

我所說的這些事情不分巨細，包括起床、刷牙、吃早餐、早上上班路上的時間、出去拜訪客戶，還有聊天、休息等等，全部都記下來。這樣一來，你會發現哪些時間是被浪費的，哪些事情還可以更高效一些。當你找到浪費時間的根源，你才有辦法改變。

**第十大關鍵：借鑒他人的成功經驗**

時間不等於金錢。確切地說，時間大於金錢。做一件事的時候，我們可以去詢問他人，看他們是否有成功的經驗，或者需要避免的錯誤、陷阱等等。假設與一個成功者在一起，他花了四十年時間成功，你跟十個這樣的人一起，你是不是就濃縮了四百年的經驗？這樣一來，你可以節省很多的時間，還能建立與他人的良好關係。

選擇求教對象的時候一定要仔細。古人云：「入芝蘭之室，久而不聞其香；入鮑魚之肆，久而不聞其臭。」所以一定要審慎選擇，千萬不要誤交小人，走上歧途。

## 三、時間管理的七項致命禁忌

和前面的十大關鍵不同，要想做好時間管理，以下的幾大錯誤是我們必須要避免的。如果我們無法消除這些陋習，我們的時間管理就等於是空談。這七大時間管理的禁忌就是：迷惑、猶豫不決、精力分散、拖拉、躲避、中斷和完美主義。

**禁忌之一：迷惑**

有一席對話是這樣的：

「請你告訴我我應該往哪裡走？」

「這要看你去哪裡。」

「不管去哪裡都行。」

「那麼你隨便走那條道路都行。」

沒有為以後幾個月和以後幾年制定目標、做出計劃，可能是時間管理中最大的錯誤。

**禁忌之二：猶豫不決**

猶豫不決，無法在關鍵時刻做出決定。這就好像鴕鳥，對不愉快的事情不理不睬，把頭埋在沙堆裡。

這個暗藏的敵人會加重我們的惶惑和恐懼，會讓我們花更多的時間來對付它，以致於無法集中精力去做好手頭的事。雖然拖延著不做很容易，但是大腦明知這個決定必須要做，所以即使在做其他事情的時候，我們的腦海裡還會時不時地浮現出它的身影。

猶豫不決讓我們無法集中精力、無法放鬆，也無法創造。它還可能成為其他問題的根源，如逃避責任。

筆者認識一個在銀行工作的朋友。因為他每天的事情並不多，很悠閒，待遇又不錯，所以他覺得有必要給自己充充電，離開這種缺乏成長機會的工作。這位朋友想考研究所，卻又怕失去悠哉的生活。就這麼思前想後，一直拖著沒做決定，上班的時候也無法集中精神。有一次給客戶辦理業務的時候，他居然打錯了錢數，以致於信譽掃地，還落得業績一落千丈。

**禁忌之三：精力分散**

要想做好手頭的事，就必須集中精力。無法集中精力，我們就是做最簡單的工作也會缺乏動力。

查爾斯．卡左描述了一種教師和學生中常見的精神分散症狀。這一症狀的主要特點有：

1. 同一時間想做許多事情；
2. 不斷為等待做的事情著急；
3. 隨著壓力的增加，不知什麼時候可以做什麼、應該做什麼；
4. 認為反正做不好，因此對眼前的事無法全心投入。

其實，查爾斯列舉的這一症狀不止常見於教師和學生，也存在於每個人的生活中。精力的分散是我們做好眼前事的最大敵人，我們必須要克服這一點。

## 禁忌之四：拖延

「明天再做吧！」

「後天再來也不晚啊！」

「今天實在太累了，也沒有什麼心情，改天再做好了！」

這樣的話，我們不止聽過，自己也很可能說過。拖延是時間的賊，是時間管理中最重要的罪惡。所謂拖延，就是把現在能夠做好的事情拖到以後去做。有時候，因為一件事情不愉快，我們會想到拖延；有時候是因為事情比較困難，我們會拖延；有時候則是因為事情很難做出決定，我們會想拖延。

做事的時候，我們要杜絕這樣的字眼：

「我希望明天……」

「現在沒有心情……」

「我就是開不了頭……」

一旦我們有過一次的拖延，拖延就可能成為我們的壞習慣。所以我們一定要在拖延剛出現苗頭的時候，就把它杜絕。我們可以回顧以前做的事情，看看在哪些情況下我們會拖延，然後找出這些情況的共同特徵，針對這些特徵做具體的修正。

比如說，我們可以先難後易，或者先易後難。先難後易，也就是先做自己不喜歡做的，或難度比較大的，這樣一來，後面容易的、自己喜歡的事情，就可以當作一種獎勵。先易後難是為了挑起做事情的興趣，同時也可以逐漸克服難題。至於採用哪種方法，則因人而異。

## 禁忌之五：逃避

人們可以找到很多逃避工作的辦法。他們拖延休息時間，四處溜躂尋找可以聊天的人，閱讀並不需要閱讀的書籍和報紙，做一些工作上瑣碎的事情，不斷清理辦公桌和書桌抽屜或文件等等。

另外一種逃避現實的方法是做白日夢。比如手頭的事情很難處理的時候，就會幻想有人來幫忙；生活拮据的時候，就會幻想自己一下子中了五百萬。或者，一遍一遍地書寫信件或備忘錄，覺得這樣或許就能找到方法。實際上，這些都是在逃避自己不願意做的工作。

## 禁忌之六：中斷

很多人都發現，一件事只要開始進行了，要繼續下去就沒有那麼困難。所以，不在計劃中的打斷是讓人平白消耗時間的時間殺手。無論是突然而至的電話，同事進來聊天，還是老闆宣召，以及其他的緊急情況都是打擾。

中斷對時間管理的危害很大。因為每一件事情需要的時間，我們都已經有所安排，雖然留出了一定的自由時間，但這樣的中斷卻不在考慮之內。就像很多人說寫文章需要進入狀況，如果你正在狀況之中，文思如泉湧的時候，一旦被人打擾，中斷了思緒，過後可能好幾個小時也不見得能夠回想起來。這樣一來，本來很快就能做完的事情，或許就要多花上好幾倍的時間。

## 禁忌之七：完美主義

所謂完美主義，就是想把事情做到盡善盡美，讓任何人都挑不出一點毛病。表現在做人，就是要讓所有人都喜歡自己。這其實是不太可能的。把事情做好，不代表需要完美。就像做人一樣，無論你做得多麼好，也總是會有人挑你的錯。

## 第三節　如何集中注意力

要想做好手頭的事，最關鍵的就是要集中全部的注意力到這件事上。這是我們在本書中一直強調的一點。當人真正能集中精神的時候，就能發揮出通常狀況下無法想像的潛力，提高做事的效果和效率。

所謂注意，是心理活動對一定事物的指向與集中，是智力活動的基礎條件。集中注意力就是專心致志、心無雜念。

在集中注意力的時候能做到心無雜念是有科學根據的。倫敦大學學院一組科學家最近的研究，解釋了為什麼人們會經常忽視周圍環境中的一些變化，比如人們聽音樂的時候就根本沒注意到交通號誌燈已經變綠了。他們在論文中描述道，人腦中有個叫做頂葉皮層的部分，專門負責集中注意力，而且它還控制著人們覺察到視覺變化的能力。也就是說，當我們將注意力集中到某個事物時，我們大腦的處理能力就達到了極限，這時頂葉皮層將只負責集中注意力，而喪失了控制視覺觀察這一功能，於是我們往往會忽視周圍環境中的變化，從而做到心無旁騖、專心致志。

注意可以分為有意注意和無意注意。心理學家研究證實，任何有意注意都不可能持續超過二十分鐘。但如果在其中穿插一些放鬆活動或輕鬆的內容，便可以維持幾個小時。所以為了達到長時間專注的目的，我們就需要培養集中注意力的習慣，對自己進行訓練，比如心理暗示、自我激勵等等。

另外，當我們的情緒低落或者被消極的情緒控制、對自己缺乏信心的時候，我們的注意力也會不由自主地分散。所以，我們也必須始終保持積極、熱情和自信的心態。

## 一、自我暗示

心理學認為，所謂自我暗示，是個人透過語言、形象、想像等方式，對自身施加影響的心理過程。暗示的結果會使自己的心境、情緒、意志、興趣甚至生理狀態，發生某種程度的變化。暗示的特點，全在於一個「暗」字，它常常是「不從正門，而從後門」悄悄地潛入人的意識，直接對人們的情緒和意志發生作用。

從作用上講，自我暗示分為積極的自我暗示和消極的自我暗示。消極的自我暗示會搗亂一個人的正常心理和生活狀態，使他的情緒逐漸變得消極，從而影響生活和工作。而生活和工作的困境又會再次加強他的自我消極暗示，讓他相信自己的暗示「果不其然」，從此陷入惡性循環的地步。

這種自我消極暗示的例子在生活中隨處可見。

拿筆者的某個朋友來說。那個朋友是個外商主管，三十五歲，事業有成，家庭也和樂融融。本來對生活充滿信心的她，卻被某個美容沙龍擾亂了她的心情。參加沙龍的女士都和她年紀差不多，其中有六個都出現了婚姻危機，而且都是三十五歲左右的事情。大家閒聊的時候就不可避免地講起了婚姻和家庭。「家庭事業不可能兩全」、「男人沒一個好東西」、「妳可得當心」，一大堆抱怨和警示讓她心驚肉跳，開始反思起自己的婚姻，想東想西：沒錯啊，四十的男人正值黃金時代，可不正是年輕女孩的最佳獵物？自己常常忙於工作，關心肯定不夠。而且因為信任，從來沒在意他每次晚歸到底是跟誰在一起。最近他好像常常接到手機簡訊。他上次好像提醒我該保養了，所以我才來這個美容沙龍……可想而知，我朋友回去就像偵探一般監視著老公的一舉一動，讓他事無巨細地交代清楚。一連串的爭吵開始了……直至最後離婚收場。

反過來說，積極的自我暗示則可以消除個人的恐懼和憂慮，讓個人保持良好的精神狀態，從而達到做好事情的目的。倫敦大學的羅伯・巴哈利博士在教導弱智孩子時說：「想著一個你認識的很聰明的人，然後閉上雙眼，想像你就是那個聰明人。」接下來的測試結果，孩子們的分數顯著提高！再比如說，某個人怕一樣東西，如果他在面對那樣東西的時候鼓起勇氣，說一些「我很勇敢，不怕你」這樣的話，慢慢的，他的心理暗示就會起作用，使他不再懼怕那樣東西。

積極的自我暗示非常神奇，醫學上的許多奇蹟都是由此產生的。

大陸南京有位張老師，患了結腸癌。在生病之初，他常常朝著壞的方向想。有一次看病，他掛的是五十四號，便由此聯想到「五十四」不是「吾死」的諧音嗎？學校送他入院治療時，正巧住在十四床，諧音「是死」，這下必死無疑了。那段時期，張老師的腦子裡天天盤旋著死亡啊、靈堂啊、骨灰啊……他陷入了極度絕望之中。後來，經過醫院心理醫生的治療，同事、朋友和家人的勸解與開導，張老師終於想通了。他為自己立下一條規矩：凡事都往好處想，多活一天也是勝利。

不久之後，張老師到醫院復診。真巧，掛的號又是「五十四」號，張老師便對自己進行積極的自我暗示：這不是「吾死」而是「武士」，我現在就是戰勝癌症的「武士」。經過這樣積極的心理暗示，張老師的精神明顯振奮起來，心情也好多了。張老師就靠這套自我暗示的心理療法，加上醫生的精心治療，首先闖過了「五年存活率」大關，而後病情穩定，症狀消失，安然健在。

自我暗示的具體方法可以自由選擇，用卡片法、鏡子提示、與你自己喜歡的偉人進行交談等等。各人可根據自己的情況與喜愛選擇，當然也可以自創一種適合自己的方法，或者幾種方法結合起來使用。

**卡片法：**找一張手掌大的硬紙卡，在卡片上清楚、簡潔地寫上你所希望達到的目標，以及實現這一目標的時間，和你願為此所付出的代價。把這張卡片放在你的口袋裡，每天早晨起床和晚上睡覺時，從口袋中拿出卡片，認真、莊重、充滿自信地朗讀卡片上的內容。朗讀的時候要充滿自信，感覺到你真的已經達到了目標。每次兩遍，不能間斷，直到你實現願望。

**鏡子法：**找一塊至少能夠看見你大半身體的鏡子，掛在牆上。每天早晚對著鏡子筆直站立，腳後跟靠攏，抬頭、挺胸、收腹，再做三四次深呼吸，看著自己的眼睛，直到對自己的能力、力量和信心有了感受，然後注視著自己的眼睛，告訴自己所要得到的東西，要講得清清楚楚、堅定有力，充滿自信。要堅持而不能間斷，直到你實現願望。

## 二、保持積極的心態

保持積極的心態也就意味著要改變那些負面的、消極的想法。只有心態變得積極了，才可能有興趣去做事情。這其實也是讓自己愛上不感興趣工作的良方。

**十天心理挑戰法**

「十天心理挑戰法」主要包括以下的遊戲規則：

1.在隨後一連十天裡，心裡不可有任何一刻的消極或負面念頭、情緒、問話。

2.當你一有消極或負面的反應時，就要立即提問自己積極的問題，使自己往好的方向想。

3.當你清晨醒來，對自己進行「清晨能力問話」，如：「今天我如何讓自己更快樂一些？」「我要給他人怎樣的幫助？」

晚上就寢前，對自己進行「夜晚能力問話」，如：「我今天學到些什麼？」「我為明天做了那些投資？」每一個問題你都要做出明確的回答，這些回答會給你神奇的生活能力。

4.在這一連十天之中，你始終要把注意焦點放在解決辦法上，而不是問題本身上。

5.如果你發現自己不小心已掉進了消極或負面念頭、情緒或問話上，千萬要冷靜，不要惱火，要趕快改變這種情況。若是處於這種情況超過五分鐘以上，先前的努力就一律勾銷，第二天早上便得從頭做起，接連做上十天。

**建設性語式法**

你所使用的語言不僅可以反映你的舉止，而且還能影響你的行為。因此，要想獲得積極的人生，你必須選用具有積極意義的語句，透過下面語式，可以使你很容易就能跳出消極思維的圈圈，培養積極心態。

語式一：四句話跳出負面思維

1.雖然（過去的不良狀況）

2.但是（將來好的狀況）

3.好在（過去的有利條件）

4.而且我現在就可以（現在就開始可以做的）

示範：

1.雖然拖延已經成為我的習慣了。

2.但是我將來會逐步改掉拖延的壞習慣。

3.好在我已經意識到這個問題。

4.而且我現在就可以從手邊最小的事做起。

語式二：五步語言擺脫困境

1.困境：我不會……

2.改寫：到現在為止，我尚未學會……

3.因果：因為過去我未能……所以到現在為止，我尚未學會……

4.假設：當我……我便能學會……

5.未來：我要去……我將學會……

注：第3步因果的「因」，必須是某些本人能控制或有所行動的事。

示範

1.困境：我不會當眾演說。

2.改寫：到現在為止，我尚未學會當眾演說。

3.因果：因為過去我未能找到一個好老師和安排出時間，所以到現在為止，我尚未學會當眾演說。

4.假設：當我找到一個好老師並安排出時間，我便能學會當眾演說。

5.未來：我要去找會當眾演說的朋友，請他們介紹經驗，並且做出安排，使自己每個星期天上午都可以去上課。我將學會當眾演說。

語式三：善用建設性語式

1.否定性的：為什麼我的業績這麼糟？

2.改為建設性的：我怎樣提高自己的業績？

**簡單運動法**

美國《今日心理學》雜誌推薦了四個簡單的小動作，適時消除工作所帶來的負面影響：

1.抓住空檔，磨練你的熱情。即使一天只有十五分鐘也好，每天花一點時間在自己最喜歡的興趣上，比如利用上班前和另一半吃頓早餐；晚飯後整理陽臺的花花草草；上網和電腦玩十五分鐘的圍棋。如此會讓你更容易找回對工作的熱情。

2.寫下讓你感到驕傲的努力。準備一張小卡，每天至少寫下三件讓你感到驕傲的事情。這裡指的不是你今天又接到一筆多大的案子，而是當你已經付出百分之百的努力準備簡報，即使最後提案並沒有通過，也應該寫下來鼓勵自己。如果你真的想不出來自己到底做了哪些努力，或許可以找個值得信任的同事幫助你。

3.準備一個「獎狀」公佈欄。在家裡找一面你每天最常經過的牆，掛一個小小公佈欄，把所有能夠展現自我價值的「獎狀」都貼在上面：比如說辛苦設計的提案報告封面；被老闆稱讚的一封E-mail；或是生日時同事送你的禮物。每天經過看一眼，你就能吸收它帶給你的正面能量。當然也要記得每個月更新。

4.專注於如何解決問題。停止任何負面的、責備自己的想法，專注於如何解決問題。或許在電話或電腦旁貼一個禁止標誌，可以提醒自己不要陷入負面的思考中。

## 三、自我語言激勵

我們已經在前面一章詳述自信對於專注的重要性。那麼，如何保持自信呢？人的自信是一種內在的東西，需要由個人把握和證實。所以，在建立自信的過程中，一定要學會自我激勵。

比如說，考試的時候你可以這樣鼓勵自己：

我已經準備充分了，絕對沒有問題！

所有的重點我都已經記下來了，這次考試我成竹在胸！

不要緊張，即使考不好也沒有問題，這不過是一次平常的考試！

假如你去面試，你可以這樣鼓勵自己：

我已做好準備，一般不會出意外！

即使一兩個問題答不出來也沒什麼關係！

我有點緊張是正常現象，其他人也會這樣的，沒什麼大不了！

我行，只要我更加努力！

今天一切都會順利！

假如你是去相親或是見戀人：

今天我看起來精神很不錯，紅光滿面！

這樣的天氣很適合談戀愛，天公作美，看來今天一定很順利！

同事和朋友都說我條件很不錯，是的，我條件很好！

自我激勵可以增強自己內在的信心、激發自己內在的力量，從而成功地達到你的目的。當然，臨時的激勵只能產生短暫的效果，要想長期在自己的內心建立自信，就需要不斷激勵自己，直到形成習慣。正如德國管理大師斯普倫格在其所著的《激勵的神話》一書中寫道：「強烈的自我激勵是成功的先決條件。」

要想學會自我激勵，就必須先給自己一個習慣性的思想意念。就像前面提到的，我們的內心必須充滿了積極的想法，並相信自己能夠掌控自己的行為和意志。如果心裡經常存有失敗的念頭，那麼失敗就真的會離我們越來越近。

其實，自我激勵在國內已經屢見不鮮。比如說，現在很多幼稚園的口號都是「我能」，而一些雙語幼稚園還會讓孩子用英語鼓勵自己：「I can do it !」經常進行自我激勵，那些積極的想法就會成為習慣，成為你在面對困難時第一個冒出來的念頭。如果每次面對困難你都能夠說「我能」，又有多少困難能夠打敗你呢？

下面這些話可以作為自我激勵的參考。每天早上念一遍，直到所有的話你都了然於胸，成為遇到困難時的第一反應：

我深信，只要我堅持到底，一切都會迎刃而解！

在逆境中我會充滿勇氣，絕不氣餒！

我不允許任何人用恐嚇或威脅使我放棄目標！

我會一而再、再而三地努力做到我想做的事！

無論我面對什麼樣的障礙，我絕不向失敗和絕望低頭！

## 四、如何愛上自己不感興趣的工作

面對自己不感興趣的工作，很多人都容易產生消極的情緒和應對，如緊張、沮喪、拖延、迴避或敷衍等等。但是，消極的態度總難免帶來不利的後果，比如受到老闆責備、失去了工作、生活一團糟等等。

在這個社會，很多工作都不是自己感興趣的。難道選擇不斷跳槽，直到找到自己喜歡的工作嗎？很多人連自己的興趣是什麼都沒弄明白，跳槽又怎麼能解決問題呢？

其實，每一份工作都有它的價值，都可能蘊含著機會。就像我們手頭在做的事，你能說它做好了沒有價值嗎？愛上自己不感興趣的工作，正是很多成功人士的秘訣。因為愛上了、感興趣了，我們才可能對它專注。

那麼，我們應該怎麼做呢？

要愛上自己不喜歡的工作，首先應該思考自己的處境，認識自己目前應對的態度和後果。

步驟一：在紙上列出不喜歡這份工作的原因，以及工作中困擾你的因素。

步驟二：在每個原因和因素後面寫下自己能採取的應對措施，或者一些改變的做法。

步驟三：捫心自問：「如果我採取了拖延、敷衍等消極態度，會給我的工作帶來什麼後果？」

你會發現，不良的後果比目前煩人的工作要可怕得多。

其次，分析自己為什麼對這樣的事情沒有興趣，能否培養自己的興趣。

如果是因為對工作瞭解得比較少而失去興趣，那麼可以加深瞭解，逐步培養出興趣。

如果是因為工作的重複性，那麼可以嘗試在工作中加點自己喜歡的元素。比如說，你是一個登錄員，總是要錄入那些枯燥的資料。但同時，你也可以不時地登入自己感興趣的東西，以作為調劑。

假如是因為自己的能力不夠而覺得厭煩，最直接的方法就是提升自己的能力。拿數學的學習為例。某個原理你已經掌握了一些，但是用來解難題卻還不夠。這種時候，我們可以選擇重複做簡單的題，直到原理的掌握更加熟練，然後再逐步攻克難題。

其實，很多時候，只要開始工作，興趣就會隨之而來。而一旦在工作中取得一定的成就，我們就會得到滿足感。這種滿足感會促使我們去取得更多的成就、獲得更大的滿足。這樣逐漸的，我們就能培養對工作的興趣。

此外，我們還可以選擇將喜歡的事放在厭煩的事之後做。將自己不喜歡的事情想像成百米衝刺，雖然這一百米最難堅持，可是一想到過了終點就可以痛快地休息，你便會充滿力量，衝刺這最後的一百米。

# 第四節　找到屬於自己的方法

一旦透過保持注意力，達到了專注這一高度，接下來我們最關心的還是方法問題。解決問題有很多種途徑，每種途徑所產生的結果未必一樣，最恰當的方式也就是通常人們所說的捷徑。找到了捷徑，也就等於離成功更近了一步。

一般說來，書籍、典故或傳奇故事總能給人帶來啟示。然而，要在浩瀚如煙的書海中淘到自己最需要的精神食糧實屬不易。本節針對具體層面和讀者們一起探討。

在闡明方法的重要性時，讓我們先看看尋求方法的相關定律，也許以下事例將帶給你全新的啟迪。

## 一、相關定律

相關定律告訴我們：這個世界上的每一件事情之間都有一定的聯繫，沒有一件事情是完全獨立的。要解決某個難題最好從其他相關的某個細節入手，而不只是專注在一個困難點上。

在加拿大艾伯特省，有一名十七歲高中女生發出豪言壯語——二十五歲時，自己一定會成為百萬富翁！她近日接到美國收視率極高的歐普拉電視節目邀請，到該台的脫口秀節目上與觀眾分享她的致富理念和經驗。

現年十七歲的斯考吉從小就看比爾．蓋茲的書，並研究《財富》雜誌每年所列全球最富有的一百個人，發現其中九五％以上的人從小就有發財的欲望，五七％的全球巨富在十六歲之前就想開自己的公司，三％的全球巨富在未成年之前已至少做過一樁生意。她得出結論：要想致富，就必須從小有賺錢的意識。

小斯考吉在股票投資上有一個小經驗，例如，她專盯一家鋼鐵企業的股票。當這家企業股票下跌到每股四美元以下時，某證券行門口的摩托車很多，過一段時間股價就會漲回去。等這家股票漲至每股八美元左右時，該證券行門口的摩托車又會多起來，接下去，該股票必跌。經過調查她發現，工人們不願意看到該廠股票下跌，每次股價較低時，都來自發地買進一些股票，帶動整個股價上升；等到升至一定價位，工人們又拋售股票，致使該股股價回落。摩托車是工人們往返證券行的工具。於是，斯考吉只要根據證券行門口的摩托車數量，就能決定買進或拋售了。

親愛的各位朋友，你明白了嗎？小斯考吉為我們做了有趣的相關定律例證。就如同人活於世，必定離不開社會，哪怕是世外高人，也必須偶爾到市集走走，採辦採辦生活必須品。凡事都有一個必然因素在推動著，認識這點，我們就可以從細節上多觀察，賦予自己創新精神，如此，也就輕而易舉找到正確的方法了。

## 二、建立良好的人際關係

如上所述，身為個體的人離不開社會，即便是國與國之間也是如此，相互制約、相互牽連。微小的個體要想取得成功，周遭的社群氛圍尤顯重要。很多方法，你自己找不到，但別人或許就有很好的方法。所以在尋找做事的方法時，良好的人際關係能夠幫你事半功倍。

也許有些人天生就具備這種稟賦，但即便你是一個天性木訥、不善言辭之人，你也可以透過恰當的方法改變自己，讓自己成為一個受歡迎的人！

想建立良好的人際關係，下面幾個秘訣能讓你獲益匪淺。

### 秘訣之一：微笑——我要笑遍世界

每天晨起，在心裡默想數遍：我要用笑聲來點綴今天，我要用歌聲來照亮黑夜。我要享受今天的快樂，它不像糧食可以貯藏，更不象美酒越陳越香。

我要用笑容來感染別人，因為皺起的眉頭會讓朋友棄我而去。悲傷、悔恨、挫折的淚水在人生上毫無價值，只有微笑可以換來財富。

只要我能笑，就永遠不會貧窮。這也是天賦。只有在笑聲和快樂中，我才能真正享受到成功的滋味。只有在笑聲和快樂中，我才能真正體會到勞動的果實。如果不是這樣，我會失敗，因為快樂是開胃的美酒佳餚。我要想享受成功，必須先有快樂，而笑聲就是伴娘。

高呼：我要成功……我要快樂……我要微笑……

讚美——真誠的、發自內心的讚美別人。

包容——人都會犯錯。

誠信——如果人與人間都不彼此信任，世界就沒了希望。

雙贏——你的幫助能增進彼此的利益。

設身處地——為他人多考慮，你得到的回報將超出想像。

講出來——尤其是坦白地講出內心感受、感情、痛苦、想法和期望，但絕對不是批評、責備、抱怨、攻擊。

**秘訣之二：不批評、不責備、不抱怨、不攻擊、不說教**

批評、責備、抱怨、攻擊這些都是溝通的劊子手，只會使事情惡化。

**秘訣之三：互相尊重**

只有給予對方尊重才有溝通，若對方不尊重你，你也要適當的請求對方的尊重，否則很難溝通。

**秘訣之四：絕不口出惡言，說不該說的話**

惡言傷人，就是所謂的「禍從口出」。

如果說了不該說的話，往往要花費極大的代價來彌補，正是所謂的「一言既出，駟馬難追」，甚至於還可能造成無可彌補的終生遺憾哩！所以溝通不能夠信口雌黃、口無遮攔，但是完全不說話，有時也會變得更惡劣。

**秘訣之五：情緒中不要溝通，尤其是不能夠做決定；要學會理性溝通，不理性不要溝通**

情緒中的溝通常常無好話，理不清也講不明，尤其在情緒中，很容易衝動而失去理性，吵得不可開交的夫妻、反目成仇的父母子女、對峙已久的上司下屬，尤其不能夠在情緒中做出情緒性、衝動性的「決定」，這很容易讓事情不可挽回，令人後悔！

不理性只有爭執的份，不會有結果，更不可能有好結果，所以，這種溝通無濟於事。

**秘訣之六：覺知，承認自己錯了**

不只是溝通才需要覺知，一切都需要。如果自己說錯了話、做錯了事，如不想造成無可彌補的傷害，最好的辦法是承認「我錯了」，這就是一種覺知。

承認「我錯了」是溝通的消毒劑，可解凍、改善與轉化溝通的問題，就一句「我錯了！」勾銷了多少人的新仇舊恨，化解掉多少年打不開的死結，讓人豁然開朗，放下武器，重新面對自己，開始重新思考人生。在這浩瀚的宇宙洪流裡，人最在意的就是「我」，如果有人不尊重我、打壓我、欺負我或侮辱我時，即使是親如父子，都可能反目成仇，偏激一點的，離家出走算什麼，死給你看的例子都屢見不鮮哩！

**秘訣之七：說「對不起！」**

說「對不起！」不代表真的做了什麼天大的錯誤或傷天害理的事，而是一種軟化劑，使事情終有「轉圜」的餘地，甚至於還可以創造「天堂」。其實有時候你也真的是大錯特錯，死不認錯就是一件大錯特錯的事。

**秘訣之八：讓奇蹟發生**

願意互相認錯，就是在替自己與別人創造了天堂與奇蹟，化不可能為可能。

**秘訣之九：愛**

一切都是愛，愛是最偉大的治療師。

**秘訣之十：要有耐心，等待轉機**

如果沒有轉機，就要等待，急只會使事情越發難辦。等待唯一不可少的是耐心，有志者事竟成。

當然，不要空等成果從天下掉下來，你要自己去努力，但是努力並不一定會有結果，但若不努力，你將什麼都沒有。

## 第五節 學會拒絕，抵制誘惑

也許我們已經懂得了「一生只做一件事」的意義，也學會了一定的專注技巧，但最難的是：專注，看似容易，要在誘惑面前做到其實很難。

難也專注，成也專注。在世事喧騰、紅塵滾滾中靜下心來，專注於某一事業，不受其他欲望誘惑的擺佈，這是一件非常艱難的事，這意味著你有可能要放棄很多機會，意味著遭遇困難不能退縮，但是只有這樣才能成就於某一天地。

在失去某些潛在機會的同時，專注也規避了某些來自不確定市場的風險；再好的機會，如果不適合自己，就只會白白浪費資源和精力；再大的困難，面對了總會有辦法解決。在別人三心二意、四處出擊的時候，專注會給我們帶來更多的成功機會。時下流行的一句話「只有偏執狂才能成功」，與專注一詞可謂不謀而合。而一流的人物就不同了，他也許做不成很多事情，但卻能夠集中精力做成一件事情。事實上，這一件事情往往就足以改變一個人的命運了。這樣的人往往不像一般人那樣有時間可浪費，他要以有限的生命，完成一流的事業。他不能過普通人的生活，不能在人生的許多事情上，做普通人的反應，他必須放棄或減少普通人的快樂、交遊、娛樂、愛恨、爭執……他必須忍住氣，「不為小事所纏」，他有很快分辨出什麼是無關事項的能力，更重要的是，他清楚地知道：如果一個人過於努力想把所有事都做好，他就未必能把最重要的事做好。

縱觀古今，多少人在誘惑的抗爭中身敗名裂。三國時期著名戰將呂布，可謂蓋世英雄，卻沒能經受住誘惑，為得一匹千里赤兔馬，便殺死了異姓之父丁建陽；為得美女貂蟬，便刺死義父董卓。先迷於財，後惑於色，最後落得一個縊死梟首的可悲下場。太多人面對誘惑，靈魂出竅，最後跌進了貪欲的深淵，離成功更是萬丈之遙。看看一個個從顯赫位置上一落千丈成為歷史罪人的軌跡，無一不是因為擋不住各種誘惑而迷失了人生方向。

誘惑究竟有什麼魔力，使人抵擋不住呢？表面上看去，誘惑並非洪水猛獸，也非惡魔厲鬼。有時它是一個個看得見、摸得著的東西，有時它卻像空氣一樣飄搖在你的心頭；一疊鈔票、一枚戒指、一位青春少女溫柔的一笑、一位老實男人一句阿諛奉承，喜得你頭暈目眩，撩得你神魂顛倒。當然，今之誘惑與古之誘惑有所不同，特別是在市場經濟蓬勃發展的今天，誘惑的形式也多種多樣，一件古玩、一次休閒旅遊、一張購物卡，讓你玩得開心，拿得放心，樂而不知被誘。豈不知今之誘惑與古之誘惑乃同出一轍，無非都是用一條美麗的花布悄悄地蒙上你的眼睛，用一雙溫柔的手，牽著你貪欲的心弦，把你引向罪惡的深淵。誘惑是一個美麗的惡魔，它始終存在於我們的生活中，一直伴隨著我們一起走到人生終點，人的一生也無時不在與其對壘、抗爭。

那麼，誘惑真的擋不住嗎？其實不然，古往今來不乏許多與誘惑抗爭而名留千古的典範。漢靈帝時的南陽太守羊續為拒禮物，懸魚於庭；明代官員曹鼐拒絕絕色女子相誘，留下「曹鼐不可」的動人佳話；孔繁森、李潤虎「見明理而不妄取」等等。這些都是高者不被「誘」的典型。正如古人云：「不妄沒於勢利，不誘惑於事態，心有長城，能擋狂瀾萬丈。」法國大文豪雨果也說過：「魔鬼就在我們心中。」

雖然我們有豪情萬丈，有著短期或長期目標，我們嚮往成功，相信透過心志的磨練和「專注」，我們能達到自己的理想高度；但其中一個關鍵之處、也可謂細節，就是「誘惑」二字，在它面前，任你再英雄好漢，假使參不透誘惑的魔力，弄不明白抵擋誘惑的關鍵，一切努力也會如流水。

抵擋誘惑要注意以下幾點：

心態要平和，即使是基於冒險，也應捫心自問「到底值不值」？

毋因短暫的歡樂而將志向棄之腦後。

凡事皆因貪念而起，切記：天上沒有白白掉下的禮物。

以冷水澆身，醍醐灌頂。
朝夕之間，常念「成功之路就在眼前」，鍛煉意志。
多讀聖賢書，從書中尋找良方。

## 第六節 自我測試

以下測試可以幫你更正確認識自己，當然，結果不一定非常準確，但可作為參考之用。

### 一、時間管理測試

下面的自我測驗表總共有四十道題目。這是管理專家所倡議的「有效時間管理準則」。每個希望獲得成功的人至少每隔六個月即根據這份測驗表進行一次自我檢測，以期最有效率地利用時間。

1.我是否訂下一套明確的遠期、中期與近期目標？

是 否

2.對於下星期要從事的工作，我是否已有清晰的概念？

是 否

3.在一個工作日開始之前，我是否已編妥該工作日之工作次序？

是　否

4.我是否以事實之重要性而非以其緊迫性做為編排行事優先次序的依據？

是　否

5.我是否把注意力集中於目標而非集中於流程，又是否以績效而非以活動量做為自我考核之依據？

是　否

6.我是否在富於效率的時間內做重要的事？

是　否

7.我今天是否為達成遠期、中期或近期目標做過某些事？

是　否

8.我是否每天都保留少量的時間做計劃，並思考與我的工作有關的問題？

是　否

9.我是否善用上下班的時間？

是　否

10.我是否故意減少中午的食量，以免在下午打瞌睡？

是 否

11.我是否對自己的作息時間做彈性的安排，好讓自己擁有時間應付突發的危機及意外事件？

是 否

12.我是否儘量將工作授權他人處理？

是 否

13.我是否將具挑戰性的工作，以及例行性的工作都授權他人處理？

是 否

14.我是否根據「權責相稱」之原則從事授權？

是 否

15.我是否一意遏止部屬對他們感到困難或不耐煩的工作進行「反授權」？

是 否

16.我是否有效地利用部屬的協助，讓自己對時間做更有效掌握，同時避免令自己成為浪費部屬時間的瓶頸？

是 否

17.我是否採取某些步驟以防止一些無用的資料及刊物擺置在我的辦公桌上，並佔用我的時間？

是 否

18.當我有所選擇時，我是否嘗試以電話或親身到訪的形式去處理事情，而只有在無可避免的情況下才利用書面的形式溝通？

是 否

19.除了在例外情況下，我是否嘗試在下班後把工作置之不理？

是 否

20.倘若有需要加班，而且可自由選擇加班時間，我是否寧可提早上班而不延遲下班？

是 否

21.我是否迫使自己迅速地做出一些微小的決策？

是 否

22.我是否在獲致關鍵性資料的第一時間即從事決策之制定？

是 否

23.對循環性的危機，我是否經常保持警覺，並採取遏止行動？

是 否

24. 我是否經常為自己及他人訂下工作的完成時限？

是 否

25. 最近我是否終止任何毫無益處的經常性工作或例行性活動？

是 否

26. 我是否在口袋或手提包中，攜帶一些工作，以偶然的空餘時間（如在排隊時、在等候室中、在火車或飛機上）取出處理？

是 否

27. 當我面對許多需要解決的問題時，我是否應用「二〇／八〇原理」（即，只掌握二〇%的重要問題，而不受八〇%的不重要問題所羈絆）對付之？

是 否

28. 我是否真正能夠控制自己的時間？我的行動是否取決於自己，非取決於環境，或他人之優先次序？

是 否

29. 我是否試圖對每一種文件只作一次處理？

是　否

30. 我是否積極地設法避免常見的干擾（如訪客、會議、電話等）妨礙我每天的工作？

是　否

31. 我是否嘗試面對現實，思考現在需要做的事情，而非緬懷過去之成敗或擔心未來？

是　否

32. 我是否將時間的貨幣價值銘記於心中？

是　否

33. 我是否騰出一些時間為部屬提供訓練？

是　否

34. 我是否儘量將電話集中在一起處理？在打電話之前是否先準備好有關的資料？

是　否

35. 我是否擁有一套處置各類文件的系統？

是　否

36. 我是否有時採取「門戶封閉」政策，以免工作受到他人干擾？

是　否

37.在一天工作完了時我是否自問：哪些工作無法按原定計劃進行？無法按原定計劃進行的原因何在？以後如何補救？

是 否

38.在我籌備會議之前，我是否先探尋取代會議的各種可行途徑？

是 否

39.開會時我是否講求技巧，以增進會議的效率與效能？

是 否

40.我是否定期檢視自己的時間支配方式，以確定有無重蹈以往的各種時間陷阱？

是 否

評分：

答案中有〇至一〇個「是」。你的時間管理做得非常差勁，可以說完全沒有合理安排好自己的時間，需要重新學會如何更有效利用時間。

答案中有十一至三二個「是」。你學會了一定的時間管理，對自己的事情有一定的合理安排，但是做得還不夠好，有時候會失去控制，隨性而行。

答案中有三三至四十個「是」。你是時間管理的高手，只要能堅持下去，就能達到自己的目標，獲得想要的成就。

## 三、積極性測試

你的生活態度積極嗎？實事求是地勾出下列最符合自己情況的句子。選項中：一分代表「從不」，二分代表「偶爾」，三分代表「經常」，四分代表「總是」。最後將你的得分相加，即可知你目前的積極程度有多少。

1. 我發現保持樂觀心情很難
2. 我覺得生活拋棄了我
3. 遇到厄運時，我向厄運屈服
4. 我會使自己情緒低落
5. 我容易想到最壞的方面
6. 我以消極的語氣與人交談
7. 我覺得自己沒有價值
8. 我對別人感到失望

9. 我覺得世界充滿危機
10. 容易回憶痛苦的往事
11. 面對讚美我會侷促不安
12. 我覺得自己一無是處
13. 我會被壞心情淹沒
14. 我容易憤怒
15. 我無法實現我的人生理想
16. 我容易憂慮不安
17. 人們說我是個悲觀主義者
18. 我很難自得其樂
19. 我缺乏自信
20. 我做事沒有動力
21. 我的生命沒有意義、缺乏目標
22. 我沒有舒適、安逸的生活環境
23. 我覺得身體不適

24. 沒有人支援我
25. 我的生活方式充滿壓力
26. 我無法控制自己的生活
27. 我的愛情生活不如人意
28. 我不滿意我的工作
29. 我缺乏成就感
30. 失敗的一天帶給我很大的打擊
31. 我的危機一個接著一個
32. 我對於自己所處的年齡階段不滿意

評分：

將你的得分相加，然後閱讀下列的分析。要注意記下自己最積極和最消極的方面，這樣你就能有針對性地改善自己的弱點。

三二～六四分。你的生活態度非常積極，基於這個基礎，你將獲得幸福美滿的人生。

六五～九五分。你的積極性一般，但透過一些幫助和學習，你將改善自己的思維方式，獲得更美滿的生活。

九六～一二八分。你的生活態度令人擔憂。但透過一些幫助和學習，你可以獲得有益的心理策略，幫助你建立積極的生活態度。

## 四、自信心測試

自信是一個人成功的心理基石。你的自信心受到過傷害嗎？你具有足夠的自信嗎？回答下列問題，計算你的答案有幾個「是」？

你是否習慣讓別人來計劃你的生活？

是　否

你的穿著打扮是否總想討好別人？

是　否

你是否覺得你的缺點比優點多？

是　否

你是否希望自己能有更多的才能？

是 否

如果去逛街卻什麼都沒買，是否會感到不安？

是 否

你是否經常向別人道歉？

是 否

你是否經常在做你不喜歡的事情？

是 否

為了照顧別人的感受，你是否會放棄你喜歡的事？

是 否

如果有時你的言行使別人不安，你是否會擔心？

是 否

對於自己享受快樂的生活，你是否會感到內疚？

是 否

評分：

答案中有〇至二個「是」。你有足夠的自信，只要有明確的目標和切實的行動，你便可以實現你的願望。

答案中有三至六個「是」。你屬於比較缺乏自信的人，這不僅影響你的成功，也會在一定程度上影響你的身體健康。

答案中有七至一〇個「是」。你絕對需要更多的自信心，你現在還不是一個成功的人，自信心的缺乏也影響你將來的成功，更為重要的是，它還在影響著你的身心健康。

# 第六章

## 一件事打開前程

每個人都有自己的夢想，每個人所走的路都不同，不同的人生旅程敘寫著或豐富多彩或不堪回首的故事。在人生的各個階段，不同的人所遇到的人和事相差萬千。然而，無論哪一個人，總會在人生道路上遇到這樣那樣的挫折，人生也正因此而絢麗多彩。

有人因為過度沈湎於輝煌的過去而忽略了現在的美好，終日鬱鬱寡歡，有人總在幻想美好卻又遙不可及的將來中浪費了時日，徒增一頭白髮，也有人珍惜好現在的每一分鐘，努力把手頭的事做好。無疑，後者將贏得人們的尊重，也只有後者將最終達到心目中的成功。

## 第一節 你就是上帝的寵兒

雖然每個人心中的成功難以界定，但成功的美好總在促使人們去努力，去拼搏。所不同的是，有人真的實現了夢想，有人卻一輩子都不可能明白究竟自己錯在哪裡！

實際上，成功之路並不遙遠，只不過我們忽略了這點：人生是由現在的每一秒每一分鐘累積而成，這一生我們要做的只有一件事——手頭的事！

上帝造人是公平的，也許你有殘缺，也許你有諸多不足，但請記住，你就是最出色的那一位！在前程之門尚未關閉之際，請把你的關注放在現在，拿到開啟成功的金鑰匙。

「每個人都是上帝的孩子，都受到上帝的寵愛，無論我們的身體條件如何，只要有一顆健全的心，全力以赴、鍥而不捨，就會得到命運的垂青，成為生活的主角，贏得美好的未來。」

一九八七年三月三十日晚上，美國洛杉磯音樂中心的錢德勒大廳，燈火輝煌，座無虛席。人們盼望已久的奧斯卡金像獎頒獎儀式正在此舉行。就在這熱情洋溢、激動人心的氣氛中，典禮一步步地接近高潮。

此時，主持人高聲宣佈，瑪莉．麥特琳在《悲憐上帝的女兒》中有出色的表演，獲得最佳女主角獎。在座的所有人立即爆出經久不息的如雷掌聲。一位美麗的年輕女演員，像一陣風似的輕快走上領獎臺，從上屆影帝手中接過奧斯卡金像獎。

雙手拿著小金人的瑪莉．麥特琳萬分激動，顯然她有許多話要說，可是人們沒有看到她動嘴，她又把手舉了起來，但這不是向人們揮手致意的動作。眼尖的人已經看出她是在向觀眾打手語，而內行的人已經看明白了她的意思：「說心裡話，我沒有準備發言。此時此刻，我要感謝電影藝術學院，感謝全體劇組同事。」

她是一個啞巴。事實上，瑪莉．麥特琳不僅是一個啞巴，還是一個聾子。在她出生十八個月時，一次高燒扼殺了她的聽說能力。

可這位聾啞女對生活滿懷激情與希望。她始終記得母親寫給她的那句話：「每個人都是上帝的孩子，都會受到上帝的寵愛，無論我們的身體條件如何，只要有一顆健全的心，全力以赴、鍥而不捨，就會得到命運的垂青，成為生活的主角，贏得美好的未來。」

她自幼就喜歡表演，八歲時加入州立兒童劇院，九歲時就登臺表演，她不時被邀請用手語表演聾啞角色。她非常珍惜這些演出機會，並從中鍛煉自己，提升演技。

終於，命運再次垂青了這個姑娘。一九八五年，女導演蘭達．海恩絲打算把舞臺劇

《悲憐上帝的女兒》拍成電影。當時，為了物色女主角——薩拉的演員，大費周折，用了六個月的時間在美國、英國、加拿大和瑞典尋找，但都沒有找到合適的人選。最後，她在舞臺劇中發現飾演次要角色的瑪莉．麥特琳，決定立即啟用她擔任主角。

結果，瑪莉成功了。儘管她在全片中沒有一句臺詞，但靠著極富特色的眼神、表情和動作，她成功揭示了主人公自卑而又不屈、消沈而又奮鬥的複雜內心世界，表演得是那樣地惟妙惟肖，讓人歎為觀止，從而成為奧斯卡金像獎頒獎以來最年輕的最佳女主角獎獲者，同時也是美國電影史上第一位聾啞影后。

瑪莉的成功，無論是對一個正常人，還是殘疾人，都是一個美好向上的激勵。

上帝是無私的，她賜給人類身體的同時，也賦予了人類聰穎的靈魂——只要你擁有一顆從不放棄的心！

對比之下，我們健全人還有什麼可抱怨、可哀歎的！雖然人生總與苦難或挫折相生相伴，但若是讓苦難戰勝自己，那苦難就會是你永遠的屈辱。

## 第二節 不要讓苦難成為屈辱

人自生下來的那天便在承受著不同程度的苦難，所以人類呱呱落地時不免要哀號兩聲，以示來接受俗世的洗禮。但人生不能總在這種痛苦中度過，所以英國前首相邱吉爾在回憶成功的動力時，這麼說：「苦難，是財富還是屈辱？當你戰勝了苦難時，它就是你的財富；可當苦難戰勝了你時，它就是你的屈辱。」

人們很容易認為「苦難是人生的一筆財富」，並把它當做激勵自己奮進的話。一直以來邱吉爾也是這麼認為的，可是一次跟朋友的聚會，讓他重新認識了困難，學會正確對待苦難更有現實意義。

那是一次隆重的聚會，著名的汽車商約翰．艾頓向朋友邱吉爾講訴了自己的過去：「我出生在一個偏遠小鎮，父母早逝，是姐姐幫人洗衣服、幹家務，辛苦掙錢將我撫育成人。但姐姐出嫁後，姐夫將我攆到了舅舅家，而舅媽更是刻薄，在我讀書時，規定每天只准吃一頓飯，還必須收拾馬廄和剪草坪。後來工作當學徒時，我根本租不起房子，有一年多的時間是躲在郊外一處廢舊的倉庫裡睡覺……」

「過去怎麼沒聽你說過這些？」邱吉爾十分吃驚地問。

「有什麼好說的呢？正在受苦或正在擺脫受苦的人是沒有權利訴苦的。」這位曾在生活中失意、痛苦很久的汽車商笑了笑又說，「苦難變成財富是有條件的，條件就是，只有在你戰勝了苦難並遠離苦難不再受苦後，苦難才是你值得驕傲的財富。此時，人們聽著你的苦難時，就不會覺得你是在念苦經，而會認為你意志堅強，值得敬重。假如你在苦難中，無論你如何說，別人一聽，只會覺得你是請求廉價的同情甚至是乞討憐憫。這個時候，你要是說你正在享受苦難，並從中鍛煉了品質、學會了堅持，別人只會認為你是在玩精神勝利、自我麻醉。」

這一席話，讓邱吉爾很有感慨，於是重新修訂了「熱愛苦難」的人生信條。後來，邱吉爾把這話寫進了他的自傳。

## 第三節 一個人應該圍繞著一件事轉

現實也許並沒有想像那樣令人樂觀，可以回憶一下第二章所講述的，沒把手頭的事做好，你將失去信心，並逐漸被社會淘汰，你也因此會遭遇許多不必要的挫折。

所以，在堅信自己的同時，更應一步一步地走好今生的路。然而，許許多多的瑣事卻無時無刻不在消耗著我們的精力。怎麼辦？著名電視節目主持人吳小莉在步入事業顛峰後，這樣說道：「一個人圍著一件事轉，最後全世界可能都圍著你轉；一個人圍著全世界轉，最後全世界可能都會拋棄你。」

吳小莉是鳳凰衛視《小莉看世界》、《時事直通車》的節目主持人，同時還兼做管理工作，面對瞬息萬變的新聞工作，她的任務就是把每個主題做好。吳小莉熱愛新聞工作，喜歡它的挑戰性和變化性。其實，這是每個成功者必備的素質，她曾說過，至於地位、職位全不在個人的掌控中，能掌控的只有現在，她的目標是把當下做好，包括自己的生活，這就夠了。而生活中，許多人追求的東西過多，想把一切都做好，結果想要的東西沒有得到，想做的事情也沒有做好。真正的成功者，所需要的並非常人所想的那麼多，只是當他一旦成功了，人們紛紛把掌聲和鮮花都獻給了他。

吳小莉也一直在實踐著這句話。對於人的成長，她認為是一個從簡到繁，再由繁到「減」的過程。一個人年輕的時候，總會想有更多嘗試，恨不能抓住每個機會，吸收更多的東西。其實，一個人的精力終歸有限，即便你心有不甘，但力所難及，必須學會做減法。比如工作上，當你感到一天二十四小時不夠用來應付所有你必須處理的事時，問題不在於一天的鐘點數太少。這個道理人人都懂，但工作負荷過重的人往往想不到這一點，或者想到便打算再挺一下，就過去了。事實上，工作負荷並不會因此減輕。

洛杉磯的心理學教授曼紐爾．史密斯專門從事這方面的研究。他指出：當你心裡想的是「不」，說的卻是「好」時，最主要的原因並不在於你現在的這個人，而在於你被某人「操控」了。這方法就是，提升你的自我意識，當你陷入「好」或「不」的局面時，不妨告訴自己：「我有權力不受他人操控，不受我的老闆，不受我的客戶，更不受我的伴侶、不受我的親戚、不受我最好的朋友的操控。而與「受世人操控」反面的方法就是——自信有理！

當然，很多人都不容易突破這一點。吳小莉說：「在現實工作和生活中，難免會有種種近期效益或更明顯的誘惑。這時候，人很容易患得患失，所以必須追問自己到底要什麼，怎樣才能跟夢想靠得更近。放棄，也是為了另一種堅持。人生有夢，但築夢要踏實，一步一個腳印。能知道要什麼，能夠做到什麼，不可能做到什麼，就很不錯。事實上，如果想把一件事做透，我們必須聚集精力放在這個著力點上，堅定不移，心無旁騖。否則一件事做不好，我們就是在反反覆覆地做同樣事。這種無用之功，便是在浪費我們的生命。」

紮紮實實，一步一腳印地做事，其實是最好的計策。從吳小莉的履歷中，我們也看到她是跳槽過，也曾放棄過的，她相信，快樂做好當下，就會靠近夢想。結果，「只圍著一件事轉」的她成功了。吳小莉並未用去常人所想像的那麼多時間，她年輕有為。在她看來，生活就是在不斷地累積快樂。

就如同吳小莉所體會的那樣，人生最重要的，其實就是不去看遠方模糊不明的東西，而是儘量把手頭最具體的事做好。就如同第三章和第四章所講述的，把握現在、完成手頭的事，以積極的心態，高度關注當前，你才能真正走向成功。

我們都有遠大的理想，卻往往迷惑於下一步怎麼走，徘徊在成功的門外。

一八七一年，英國蒙特瑞綜合醫科學校的學生威廉斯勒就陷入這樣的人生困惑中。那段時間他總在思索這樣的問題：一個人到底該有什麼樣的做事心態，才能贏得成功。當時的他特別渴望成功，但又覺得學校生活實在枯燥無味，沒有什麼值得自己花心思去做。結果他的學習成績直線下滑。他找老師探討這一問題的解決方法，老師沒有直接告訴他答案，只是向他介紹了哲學家卡里烏的一本哲學啟蒙讀物。

意志堅定的威廉斯勒，一向不崇拜大人物，更不相信所謂的名人名言。但既然是老師推薦，或許真的有用。他拿起書看了起來。

忽然，書中的一句話讓他眼前一亮：「人生最重要的，就是不去看遠方模糊不明的東西，而要做好手邊最具體的事情。」

威廉斯勒頓悟，是啊，無論多麼遠大的理想，都需要一步一步實現；無論多麼高大的房屋，都需要一磚一瓦疊起來。長期以來的困惑，終於解決了，那些遠大的理想，應該高懸在未來的天空，現在最要緊的是把手邊一件件具體的事做好。

威廉斯勒覺得目前最重要的，是把自己的成績拉上去。很快，他成了一名優等生。幾年後，他以全校最優異的成績畢業。成為醫生的他以高度的關注贏得了病人信任，成為一代名醫。再後來，他創辦了約翰．霍普金斯學院，把自己的人生態度貫徹到每一個細節中，使得很多專家學者慕名而來，到他的學院工作。他的學院成了英國著名的醫學院。

圍繞當前事務在轉的威廉斯勒最後成為當時最著名的醫學家和牛津大學醫學院教授，並被英國國王授予爵士爵位。

## 第四節 握緊手中的金鑰匙

成功的人們心目中總有一把開啟前程的金鑰匙，這就是一種執著的信念。對某一個人或事物過度依賴，你就會像一個沒能及時斷奶的孩子那樣，在困難面前無所適從。

「孩子，你應當自己去活動，不要總是跟著我，這樣才會對你有好處。大膽去玩自己的吧，你肯定行！」克拉倫斯·艾德蒙茲·海明威告誡「跟屁蟲」般的小海明威。這句話促使海明威養成獨立思考、喜歡探索的習慣，並最終寫出了文壇巨作《老人與海》，成為一代文學巨匠。

自信、熱情，甚至是激情，往往是人們獲取成功的必要條件，但更重要的一個充分條件卻是「抓住機遇」。我們總能聽到這樣一句話：「為什麼我沒趕上他那樣的機會？」言下之意，如果有那種機會，自己也一定能成功。其實，機會無時無刻不在我們身邊，怕的就是你沒有抓住機會的那雙「大手」。

有人說過，機會總垂青那些有準備的人。換個角度，如果連平時的點滴你都未曾給予關注，你又如何等待機會降臨？

沃爾瑪零售超市的創立者沃爾頓，便因為關注手頭的事而獲得了幸運女神的垂青。沃爾頓高中畢業後，被美國著名的耶魯大學錄取，可是高昂的學費似乎要讓沃爾頓的求學夢化為泡影。

某日，利用假期做油漆工的沃爾頓很快就可以收工了，他只要再把拆下來的櫥門板刷最後一遍油漆，再支起來晾乾就完工。

突然，門鈴響了起來，沃爾頓急忙去開門，不料一把掃帚將匆忙之中的他絆倒，而絆倒的掃帚又碰倒了一塊櫥門板，櫥門板偏偏倒在昨天剛粉刷好的雪白牆面上，牆上立即出現了一道明顯的漆痕。他迅速調了些塗料，以遮蓋牆上的痕跡。可當漆乾了以後，他總覺得新補上的塗料色調與原來的牆壁不一樣，越看越不和諧。其實，不仔細看，還發現不了。就算被發現，向主人解釋一下，或許主人也不會怎麼計較的。但沃爾頓並未就此敷衍了事，而決定要把這面牆重新粉刷。

折騰了好長時間後，總算刷完了，可第二天一進門，沃爾頓又發現昨天新刷的牆壁與相鄰的牆壁之間的顏色有差異，細細一看，色差越發明顯。這時，他決定把所有的牆壁重新粉刷。

交差時，主人很滿意，向他付足了報酬。但對沃爾頓來說，除去增加的塗料費用，根本沒掙到什麼錢。也不知什麼原因，主人的女兒竟知道了事情的原委，便把實情告訴了父親。主人備受感動，在女兒的要求下同意資助他上完大學。大學畢業後，沃爾頓娶了主人的女兒為妻。此後，他們一起創業，從一家小店開始直至發展成遍佈世界的沃爾瑪零售超市。

沃爾頓一生都在做一件事，那就是他從不給自己敷衍了事的機會，關注當下，做好手頭應做的事。這成為他在困窘時贏得援助，在生意場上叱吒風雲的最好註腳。

我們每一個人都是上帝的寵兒，我們有堅強的靈魂，我們有遠大的目標，我們都渴望成功，但為什麼理想和現實之間的差距總那麼遠？愛情、親情、友情、生活、事業等因素交織在一起，讓我們身陷其中難以自拔！克服這種種漩渦的最好方式不是麻痹自己，而是以一顆積極的心，全心關注當下的自己，找出不足，把手頭每件事做好。

也許心志上的強求並不能讓你真正做到現實中的理想高度，你也無須不安，相反的，透過大量的練習，也許你會發現一個全新的自我，一個步步為營、腳踏實地的自己，一個無論生活、事業、家庭都意氣風發的成功者！

在本書收尾之際，讓我們以此共勉：一生只做一件事，永遠關注當下，把快樂融入手頭的每一件事。

國家圖書館出版品預行編目資料

握住當下的幸福／夏欣著.
——第一版—— 臺北市：知青頻道出版；
紅螞蟻圖書發行，2011.5
面　　公分——（Perusing；5）
ISBN 978-986-6276-78-1（平裝）

1.生活指導

177.2　　　　100008576

**Perusing 05**

**握住當下的幸福**

作　　者／夏 欣
美術構成／Chris' office
校　　對／周英嬌、楊安妮、朱慧蒨
發 行 人／賴秀珍
榮譽總監／張錦基
總 編 輯／何南輝
出　　版／知青頻道出版有限公司
發　　行／紅螞蟻圖書有限公司
地　　址／台北市內湖區舊宗路二段121巷28號4F
網　　站／www.e-redant.com
郵撥帳號／1604621-1　紅螞蟻圖書有限公司
電　　話／(02)2795-3656（代表號）
傳　　真／(02)2795-4100
登 記 證／局版北市業字第796號
港澳總經銷／和平圖書有限公司
地　　址／香港柴灣嘉業街12號百樂門大廈17F
電　　話／(852)2804-6687
法律顧問／許晏賓律師
印 刷 廠／鴻運彩色印刷有限公司
出版日期／2011年 5 月　第一版第一刷

**定價 200 元　港幣 67 元**


**ISBN 978-986-6276-78-1　　Printed in Taiwan**